山石系列智库研究

美军人工智能战略发展的
智库策源研究

赵超阳 等 著

人民东方出版传媒
东方出版社

本书撰写者名单

赵超阳　魏俊峰　卢胜军　蔡文蓉

王璐菲　袁政英　张代平　杨亚超

前　言

伴随着新一轮科技革命的孕育兴起，人工智能日益成为引领性技术领域，并对经济发展、科技创新、国家安全、社会生活等方面产生重大影响。近几年来，人工智能对国家安全的影响成为美国决策层高热度话题，仅以《人工智能和国家安全》为题的知名机构报告就有多份，涉及人工智能和国家安全的国会听证讨论频繁举行，美国政府重要战略文件里也屡屡出现"人工智能"字眼。在此背景下，作为美国国家安全基石的美军，应国家安全之需，正在从战略、政策、机构、项目、投资等方面大力推进人工智能军事应用，以期获得领先的技术能力和军事优势。

在美国国家安全态势和美军技术优势塑造过程中，决策体系与智库价值之间、决策所需与智库所能之间的契合关系，为智库发挥影响力提供了难得的机遇和平台。作为美国政治环境和决策架构中的独特组成部分，智库能够敏锐捕捉以人工智能为代表的新兴技术机遇与影响，关切新兴技术治理中的国家安全需求，在与决策链的嵌合与互动中，通过推动议题设置、参加咨询作证、提供人才支持、广泛开展交流、提出政策建议等方式，策动推进一系列政策建议和战略举措，为美军打造领先优势发挥了重要作用。比如，美国知名智库新美国安全中心（CNAS）首席执行官罗伯特·沃克，从智库高管"旋转"到国防部担任常务副部长，沿袭发展人工智能的偏好，直接参与甚至主导决策过程，借用权力推动多项人工智能战略政策出台。

智库对美军人工智能战略发展策源主要强调其策动政策之源、策划政策议题、推动发展议程的作用和影响。其实，在美国国防科技发展决策体系中，还有其他具有策源作用的组织、机构甚至个人，比如国防科学委员会（DSB）、国防高级研究计划局（DARPA）、国防部负责研究与工程的副部长。虽然智库与决策权力中心相距较远，但从外域研究者的角度来看，智库对于决策的影响过程相对透明，比较容易观察，更为重要的是，在当前国际战略竞争日益激烈、美国国家安全响应甚嚣尘上的背景下，智库的策源作用为研究和认识美国国防科技战略发展，乃至美国军事发展态势，提供了新的视角和方法。

智库的策源作用是智库影响力的突出表现，它是智库功能的整体性描述，而不是对某一智库观点提出时间的回溯和比较。美国知名公共政策研究学者约翰·金登认为，不要试图寻找政策的源头，因为政策的形成过程通常非常复杂。政策的源头的确难以寻找，但并不能否认智库群体在其中的作用和价值，策源的主体不是某一个智库或智库专家，而是智库作为一个群体，对问题的观察、发现、渲染、研究、建议，直至推动进入政策过程。在这个过程中，正如《谁统治美国？公司富豪的胜利》作者威廉·多姆霍夫认为的，智库是政策规划网络中讨论的新政策的主要来源之一。

基于策源的过程，本书从美军人工智能发展的技术背景、传统逻辑和战略延伸出发，将智库作为策源的重要力量，分析了智库对人工智能军事应用问题的观察研究，推动问题进入决策议程，参与咨询和作证，开展态势评估与优化，利用"旋转门"机制和人际网络影响传播思想与提建议，从人工智能策源扩展到量子科技、网络、生物等新兴技术领域的技术优势塑造。在此基础上，探讨了人工智能策源的突出背景、主要因由、作用机理以及策源背后所反映的深层网络关系。最后，对智库与国防科技发展的相互关系进行了探讨。

本书是集体合作的成果，由赵超阳策划并提出撰写提纲，赵超阳、魏俊峰、卢胜军、蔡文蓉、王璐菲、袁政英、张代平、杨亚超共同完成，蔡文蓉、杨亚超还做了大量资料收集分析工作，最后，赵超阳、魏俊峰、卢胜军进行了统稿。

写作动机来源于另外一个与人工智能相关课题的思考，利用课题加班熬夜的工作间隙，我们对美军人工智能发展情况和美国知名智库相关报告进行了系统分析，形成了研究主题和结构框架，并各自按照分工利用零碎时间完成。写作过程中，得到了苏晋、许儒红、刘林山、赵相安、吕彬、李杏军、李向阳、王三勇、杨俊岭、袁有雄、李加祥、陈银娣、高倩、王宇、张羽丰、颉靖、刘天、雷帅等领导和专家无私而热情的指导与帮助，同时，还参考了部分同事的动态跟踪和翻译成果，以及一些专家学者的研究成果，在此一并表示衷心感谢！

因时间仓促，本书难免存在疏失之处，敬请各位读者批评指正。

目　录
CONTENTS

第一章　美军人工智能发展背景及战略溯源

人工智能是当前具有变革性、引领性的技术领域。1956年"人工智能"概念在美国起源以来，美国一直作为人工智能的领头羊走在世界前列。当人工智能巨大的赋能作用有可能被应用于军事领域，并且与美国人根深蒂固的技术制胜思维相结合的时候，美国领导人、美军高层就开始陆续在多个战略文件中提早筹划，从战略上对人工智能发展进行谋势布局，以图塑造大国竞争时代的军事优势。

第一节　人工智能发展及其军事影响

如何让机器更好地帮助人类，一直是近现代以来科学技术发展的重要牵引目标。1946 年，伴随着工业化的发展，美国福特公司机械工程师 D.S. 哈德提出"自动化"一词，用来描述发动机气缸的自动传送和加工的过程。这种以机械力代替人力、程序化自动完成特定任务的过程成为人类进步的重要标志。同样是在 1946 年，世界第一台电子计算机在美国宾夕法尼亚大学诞生，信息技术开始进入快速发展时期。

如何让机器不仅能够机械地工作，而且能够具有类似人类的智能，更加灵活自主地为人类服务，慢慢成为科学界思考的前沿问题。1956 年夏，约翰·麦卡锡、马文·明斯基、克劳德·香农等科学家聚集在美国汉诺威小镇的达特茅斯学院，就"如何用机器模拟人的智能"这一主题进行了长时间研讨，并提出人工智能概念。一般认为，这是人工智能研究起始的标志。

人工智能是一门前沿交叉学科，其定义多种多样，《大英百科全书》认为，人工智能是数字计算机或者数字计算机控制的机器人在执行智能生物体才有的一些任务上的能力。美国《2019 财

年国防授权法案》认为，人工智能即在没有足够的人类监督的
情况下，能够在变化的、不可预测的环境下"理性地行动"，或
能够在经验中学习、利用数据提升性能的所有系统。美国《国
防部数字现代化战略》提出，人工智能指的是一种机器能力，
用来执行通常需要人类智能才能完成的任务（例如模式识别、
经验学习、得出结论、做出预测、采取行动等），无论是通过
数字化程序还是自主物理系统背后的智能软件来完成。不同的
机构、不同的文本都可以给出关于人工智能的定义。尽管定义各
有不同，但人工智能存在以下主要特征：由人类设计、为人类服
务、本质为计算、基础为数据、能感知环境、能产生反应、能与
人交互、能与人互补、有适应特性、有学习能力、能演化迭代、
能连接扩展。①

　　在 60 多年时间里，人工智能经历了三次发展浪潮。第一次
发展浪潮是 1956 年至 20 世纪 70 年代末，学术界对人工智能的
研究形成热潮，美国军方也给予了支持。1963 年，美国国防部
高级研究计划局（ARPA，国防高级研究计划局的前身）资助麻
省理工学院 220 万美元，之后 10 余年每年提供 300 万美元。这
一阶段注重逻辑推理，以信息系统为主，标志性事件是出现了
能够自动证明数学定理的推理系统，如果给这个推理系统输入

---

　　① 谭铁牛：《人工智能：用 AI 技术打造智能化未来》，中国科学技术出
版社 2019 年版，第 9 页。

知识（一些数学公理），就可以自动输出结果（推导出的数学定理）。热潮过去，人们发现人工智能只能实现很简单、特定的任务，随之不太关注，资助也纷纷撤离。第二次发展浪潮是20世纪80年代初至20世纪末，标志性事件是出现了不同领域的专家系统，专家系统被输入了某个领域的大量专业知识，能够真正解决一些实际问题，实现了人工智能从理论研究走向实际应用。在人工智能的前两次发展浪潮当中，由于技术未能实现突破性进展，相关应用始终难以达到预期效果，无法支撑起大规模商业化应用，最终在经历过两次高潮与低谷之后归于沉寂。随着信息技术快速发展和互联网快速普及，以2006年基于互联网大数据的深度学习算法的出现为标志，人工智能迎来第三次发展浪潮，进入爆发式发展阶段，学术界、产业界成果迭出，人工智能在人脸识别、自动驾驶等多个领域形成新的机遇。2016年，谷歌（Google）旗下 DeepMind 开发的"阿尔法狗"（AlphaGo）战胜围棋世界冠军李世石，让人们对人工智能的超强功用有了进一步直观了解。目前，我们仍处于这次发展浪潮的初期。

数据、算法、算力是支撑人工智能技术领域发展的主要基础。大数据采集、处理和存储等大数据技术，以深度神经网络为代表的机器学习算法，以及 GPU、TPU、类脑芯片等硬件算力技术，是当前人工智能取得突破性进展的基本支撑技术。以此为基础，目前人工智能领域比较有代表性的技术包括计算机视觉、语音识别、自然语言处理、机器学习、深度学习、智能芯片、神经网络、虚拟 / 增强现实等。计算机视觉、语音识别、自然语言处理等技术主要是解决机器感知外部信息问题，学习理解人类现有的知识，为智能生成过程中的概念、推理、决策等功能提供输入信息。机器学习、深度学习、智能芯片、神经网络等技术主要是解决智能生成处理问题，涉及复杂的计算技术和关键软硬件。

按照模仿人类智能的程度及其应用能力，人工智能可分成弱人工智能、强人工智能。弱人工智能只能专注于完成某个特定的任务，处理较为单一的问题，例如语音识别、图像识别和翻译。使用弱人工智能技术的智能机器，虽然看起来像是智能的，但是并不真正拥有智能，仍然属于"工具"的范畴，与传统的"产品"在本质上并无区别。近年来代表人工智能技术进展的 IBM 的 Watson、谷歌的 AlphaGo 都属于弱人工智能范畴。

强人工智能属于人类级别的人工智能，能够进行思考、计划、抽象思维、理解复杂理念、解决问题、快速学习和从经验中学习等。强人工智能系统能在非监督学习的情况下处理前所未见的细节，可以像人类一样独立思考和决策，与人类开展交互式学习。专家普遍认为，当前离实现强人工智能还有相当长的距离。

另外，根据人工智能是否能真正实现推理、思考并解决问题，可将现阶段人工智能分为专用人工智能和通用人工智能。专用人工智能与弱人工智能类似，通用人工智能与强人工智能类似。当前的人工智能技术发展与应用仍处于弱人工智能阶段，即并不具备真正意义上的"智能"，只是在确定性规则下解决特定的问题。

人工智能正在推动人类社会向智能化发展，不仅在经济生活领域会产生颠覆性变化，对军事领域同样影响深远。美国国防部 2019 年发布的《国防部数字现代化战略》认为："作为通用技术，就像电力、计算机或网络一样，人工智能已经在改变大部分企业和行业，预计将影响国防部各个领域，包括部队应用、部队保护、培训、后勤、自动化指挥系统、网络空间运营、后台业务功能等。"哈佛大学贝尔弗科学与国际事务中心 2017 年发布的《人工智与国家安全》报告认为："人工智能技术很可能会为军事技术带来变革，其重要性不亚于发明飞机和原子弹。"1899 年，世界军事强国的外交官们在海牙召开和平会议，各方达成一项协议，五年之内停止一切攻击性军用飞机的研发及使用，虽然各国有意将其转为永久性协议，但在 1907 年的第二次海牙会议上，该协议就被废止。人工智能用于战争的吸引力就像飞机一样让人无法抗拒，航空航天技术几乎已经成为军事力量的代名词，这也将是人工智能的宿命。

军事领域充满着危险，战争从某种意义上说就是生与死的对抗，人工智能的出现让机器可以部分或完全代替人，出现在残酷的战场上，这将会对未来战争形态产生颠覆性影响。可以预见，软件在武器中的作用越来越大，算法和数据将成为新型"弹药"，人机混合、无人机自主编队将成为主要作战编成方式，或将出现智能操控部队。目前，美军在人工智能军事应用探索上走在世界前列。2016年，美国"阿尔法"人工智能空战系统在模拟对抗中，击败了具有数千小时飞行经验的资深战斗机飞行员。2017年，美军启动"算法战"相关概念和技术应用研究，主要开展情报数据智能分析。当年底，算法成果帮助自动识别"扫描鹰"小型无人机所拍视频，通过数千小时的算法训练，目标识别准确率从60%提高到80%。

这些变化，很大程度上缘于人工智能所形成的机器或自主系统。机器的优点很多，主要包括：一是不用进行长期训练即可形成专长。通过人工智能技术使机器具有专业技能，可帮助技能差一些的人员表现得像技能更高的人员一样好，或者接近其水平，这样可降低执行特定任务的门槛。二是可进行大规模操作。由于软件可以接近零或零成本复制，通常那些由人类在小规模层面完成的任务可通过人工智能实现更大规模的操作，如针对网络攻击的自动化网络钓鱼、针对广告销售以及用于发现软件网络漏洞的自动化故障发现能力。三是具有快于人类的反应时间。机器能以快于人类的速度执行任务，对事件的反应可能比人类快很多。四是具有优于人类的精确性和可靠性。机器可比人类更精确、可靠地执行任务。五是具有超于人类的耐性。机器可以不知疲倦地监视数据，可以在核危险、高寒、深海等极限环境长时间工作。六是具有不需与人类联系即可运行的能力。人工智能可使机器系统不需与人类进行可靠通信就能独立执行任务，如可以水下长时间自主运行的潜航器。

　　囿于当前人工智能技术的发展，机器或自主系统还存在许多漏洞和安全问题，主要包括：一是可解释性问题。基于深度学习的"黑箱"局限，从机器得出的结果很难说明其理解过程。二是偏差问题。一种是设计偏差，设计人员对目标的认识出现了偏差，从而会导致算法具有"倾向性"；另一种是机器学习所使用的训练数据可能基于某种偏差认识，导致结果出现问题。三是机器学习漏洞问题。对手挖掘机器学习漏洞，如通过使数据中毒让机器学习不正确的行为，或通过访问训练数据等引发行为缺陷。四是法律、伦理问题。自主武器的使用会带来战争法的适用困境，产生如何识别战斗人员与平民、己方与敌方等问题。

　　军事应用驱动着技术不断发展。商业领域的机器学习注重结果，可以不关注机器如何作出决策的过程，被称为第二代人工智能。针对军事领域强对抗性、高实时性、可解释性、可扩展性等特点和需求，美军正在研发第三代人工智能，其中美国国防高级研究计划局的项目最为典型。2016 年，该局启动"可解释人工智能"（XAI）项目，旨在开发能够在不断演变的情况下进行学习并能解释其所作决策的机器，新的机器学习系统能够解释其原理、描述其优点和缺点以及表达它们将在未来如何表现。第三代人工智能将使美军从基础技术上实现突破，可在更深层次、更大范围展开应用。

第二节　美军技术制胜偏好的逻辑延伸

美军对人工智能的重视，既是对现有美国技术领先优势的重视和利用，从更深层次来看，也是美军技术至上、技术制胜传统思维偏好的传导和延伸。

实用主义和技术至上是美国人鲜明的性格特征。实用主义产生于 19 世纪末，它是一种以经验为基础、以行动为中心的主观唯心主义哲学。它不是从事物的本质、原则出发看问题，而是只注重后果、收获、效果和事实。在美国，讲究实用、追求功效和利益已成为普遍的伦理。技术至上是实用主义的自然延伸，把技术作为实现目的的核心工具，不断提高技术在解决问题上的参与度和影响力。自从建国以来，美国非常注重技术创造，美国宪法第 1 条第 8 款第 8 项明确规定，"为促进科学和实用技艺的进步，对作家和发明家的著作和发明，在一定期限内给予专利权保障"。由于商业创新对技术革新与发明的不断催化，美国经济获得了巨大发展，综合实力不断增强，在此过程中，技术至上逐步成为美国人坚定不移的信条。在军事领域，实用主义和技术至上集中体现在技术制胜，强调实力的重要性，大力发展军事技术，热衷研制新型武器装备，始终要保持在军事上的绝对优势。

第一次世界大战中，飞机、潜水艇、无线电通信等纷纷登上战争舞台，并且发挥着重要作用。虽然美国是在战争快结束时参战，但是从战争中得到了深刻的体会：军事技术和武器装备在战争中的作用和影响越来越大。"在第一次世界大战之后，美国的军事机构，特别是海军完全相信现代技术在战争中的效力了。"[①]美军开始重视科学技术研究，到第二次世界大战前乃至后来的参战，美国全面动员国家资源，特别是科学技术资源，开发了许多在战争中举足轻重的武器装备，包括雷达、喷气式飞机、原子弹等，为赢得战争的胜利创造了坚实的物质基础。第二次世界大战期间，美国成立了专司国防科研的科学研究与发展局，动员了一大批科学家为政府服务，包括当时美国75%的一流物理学家和50%的一流化学家，帮助建立了辐射实验室、爆炸引信实验室、喷气推进实验室等许多大型实验室。[②]原子弹前期的研制工作也由科学研究与发展局负责，1942年6月交给了陆军。

原子弹作为促使日本投降的关键武器，成为第二次世界大战中美国科学技术活动的标志性成果，其所具有的开天辟地的效应使美国人再一次印证并强化了技术对战争的巨大影响力。1949年苏联成功试爆原子弹后，具有强烈技术领先信念的美国不甘心被

---

① 许嘉：《美国战略思维研究》，军事科学出版社2003年版，第9页。
② 王大明：《二十世纪美国科学大厦的建筑工程师：万尼瓦尔·布什》，《自然辩证法通讯》2002年第6期。

超越，1952 年进行了首次氢弹爆炸试验，爆炸当量比在广岛投掷的原子弹大 800 多倍。20 世纪 50 年代，作为艾森豪威尔政府"新面貌"战略的重要组成部分，美军实施了"第一次抵消战略"，利用其在核武器技术方面的先发优势，大量增加核武器的数量和种类，企图构建强大的军事威慑体系。随着苏联核武器技术的不断跟随升级，美国和苏联形成了相互确保摧毁的核均势，"第一次抵消战略"宣告失效。

1957 年 10 月 4 日，苏联发射世界上第一颗人造卫星，对美国形成强烈刺激，加之随着冷战逐渐进入白热化阶段，苏联在常规武器数量和兵力规模上一度形成优势，在这种情况下，美国开始寻求利用科学技术获取制胜优势。仅 1958 年，美国就成立了三个重量级科技管理机构：国防研究与工程署（DDR&E）、高级研究计划局和国家航空航天局（NASA）。其中，国防研究与工程署统管军队科研工作，高级研究计划局负责尖端前沿技术探索，后改名为国防高级研究计划局（DARPA）。1977 年，美国提升了国防研究与工程署层级，该署署长被调整为负责研究与工程的国防部副部长，在国防部领导中排位第三。冷战中的技术热度将核武器专家哈罗德·布朗、电磁专家威廉·佩里等一大批科技专家送上了国防部研究与工程署署长、副部长、部长这样的高位。在技术型高官的推动下，美国技术制胜的思维方式在与苏联的战略对决中形成新的思路，这就是"第二次抵消战略"，即以技术优势对抗并战胜苏联的数量优势。布朗原来在利弗莫尔实验室任主任，后进入国防部，先后任国防研究与工程署署长、空军部长、国防部长。佩里进入国防部以前在企业工作，主要从事电子技术方面的研究分析，对技术发展趋势认识深入，大力支持隐身等先进技术研发。以他们为代表，提出并推动实施"第二次抵消战略"顺理成章。根据这一战略，美军优先支持和发展微电子技术和信息技术，在指挥控制、精确导航、通信网络、精确打击、战场侦察、隐身武器等方面均取得了很大突破，军事技术能力实现了巨大跃升，从而抵消了以苏联为首的华约集团在常规兵力方面的优势。

"冷战在整个持续期间都是一种高科技斗争。其间，研发成功尤其保障了武器技术上的优势地位。技术落后通常会被解释为安全危机。"[①] 国防科技塑造了美国国家安全的成功基础，也让美国最终赢得了冷战，强化了美国作为世界科技强国、军事强国的地位。紧随冷战结束而来的海湾战争，作为信息化战争的起点，高调显示了冷战期间美国国防科技发展的巨大成果，进一步强化了美国对于技术优势的信仰和追求。

进入 21 世纪，在美国的全球安全格局中，亚太地区成为关注重点。面对俄罗斯、中国等新兴力量的崛起，美国强化了技术制胜的理念，希望再次利用技术优势，达到寓胜战于技术发展之

---

① ［德］贝恩德·施特弗尔：《冷战 1947—1991：一个极端时代的历史》，孟钟捷译，漓江出版社 2017 年版，第 156 页。

中。2014年11月，美国国防部长哈格尔在"里根国防论坛"的主题演讲中，提出"国防创新倡议"，并将其称为美军的"第三次抵消战略"。哈格尔称，"国防创新倡议"是一项雄心勃勃的计划，旨在明确需要创新的方向并对其进行投资，从而维持和增加美国在21世纪的军事优势。该倡议包含一个长期研究与发展计划，旨在甄别、研制并列装最尖端的技术和装备，尤其是机器人、自主系统、微型化、大数据以及先进制造（包括3D打印技术）等方面的技术装备。2015年2月，阿什顿·卡特担任美国国防部长，基于技术出身的思维惯性，他接力推进"第三次抵消战略"。卡特曾任国防部采办、负责技术与后勤的副部长以及常务副部长，曾与国防部原部长佩里长时间共事，两人在技术战略问题上惺惺相惜。国防部时任常务副部长罗伯特·沃克极力配合、冲锋陷阵。沃克在大学时学习专业为生物学，曾在海军陆战队服役，并担任过海军副部长，偏好军事技术，尤其推崇无人系统在未来战争中的应用。卡特、沃克这样具有技术背景的官员主导着美国国防部，必然不遗余力地推动"第三次抵消战略"，这一情景与20世纪70年代极为相似，其中隐藏的技术制胜理念是一脉相承的。

为了实现"第三次抵消战略"的目标，美军制定了《长期研究与发展计划》《最优购买力倡议3.0》等政策文件，并从2015年开始酝酿重新提升国防研究与工程在国防部的地位，冷战结束后被撤销的国防部负责研究与工程的副部长职位，在国会的支持下，于2018年重新设立，具体是拆分负责采办、技术与后勤的副部长职能，分设负责研究与工程的副部长和负责采办与保障的副部长。新的负责研究与工程的副部长加强对人工智能、信息网络、定向能、高超声速等战略重点领域的统管。与商业领域新兴技术快速发展相适应，美军还成立国防创新小组（DIU，其前身为国防创新试验小组）、创新工场等组织机构，大量挖掘发现商业领域新兴技术，并及时转移到军事领域，以期形成像隐身技术之类的颠覆性技术，为其未来提供具有绝对优势的能力。

长期以来，美军对技术绝对领先的执着，来源于对绝对的、强烈的安全感的追求，以及对美利坚民族优越性的执念。美国人认为自己是上帝所青睐的人，肩负着上帝的嘱托，担负着领导并帮助上帝保卫世界上各民主国家的责任。为了保持绝对的安全和强大，美国将国防科技作为重要工具和关键支撑，在国防科技发展上始终保持绝对领先地位，始终与别国保持绝对的安全距离，不能容忍被超越，甚至被接近。为了追求绝对优势和安全距离，美国不断地寻找新的突破。第二次世界大战和冷战让美国对科学技术的依赖得到了验证，强化了其技术工具主义理念。在世界科技创新进入商业引领时代，国际安全格局出现新的变化时，美国借以担心本国和盟友的安全，又开始着力塑造军事优势地位，将以人工智能为代表的新兴技术作为制胜基点，开展了一场大规模的创新行动。

第三节　美军人工智能发展的战略源流

基于技术制胜的思维偏好，美军从 1963 年开始，就通过国防高级研究计划局资助人工智能方面的研究。尽管人工智能由于多种原因经历起落，但美军给予了持续资助。近年来，随着机器学习的兴起，人工智能进入快速发展阶段，展现出巨大的军事应用价值，迅速被纳入战略视野，进入到不同层次、不同领域的战略规划之中。从近年来美国发布的有关安全、国防、军事等方面的战略文件来看，人工智能都是其中的关注点。正是在这些战略指导之下，美军人工智能发展一直保持着持续态势。

一、"第三次抵消战略"对人工智能的布局探索

"第三次抵消战略"在 2014 年由时任国防部长哈格尔明确提出，主要意图在于引领正在到来的、由人工智能和自主技术驱动的军事技术革命。"第三次抵消战略"的技术发展背景之一是人工智能技术的快速进步。2006 年，深度学习开始兴起，人工智能进入爆发式发展阶段，在语音识别、图像理解、语言翻

译等任务领域不断取得新的突破，有的接近甚至超过人类水平。美军敏锐捕捉和及时把握人工智能发展趋势，以期塑造新一轮军事技术革命。

"第三次抵消战略"没有具体战略文本，更多是一种战略思想、指导策略，是美军打造军事优势的战略体系的重要组成部分，其重心是技术，尤其是人工智能。该战略提出之时，刚上任国防部常务副部长不久的罗伯特·沃克就负责先进能力与威慑小组工作，极力把人工智能等新兴技术纳入"第三次抵消战略"。沃克在担任知名防务智库新美国安全中心首席执行官期间，推出过两份引人注目的研究报告：一份是 2013 年 9 月出版的《游戏规则改变者：颠覆性技术与美国国防战略》，另一份是 2014 年 1 月出版、由沃克本人亲自主笔的《20YY：为机器人时代的战争做好准备》。两份报告都极力强调技术革新对美国维持军事优势的重要性和紧迫性，不同程度地强调了人工智能、自主系统等新兴技术的重要影响。

2016 年 5 月 2 日，罗伯特·沃克出席大西洋理事会"全球战略论坛"年度会议，并就"第三次抵消战略"发表主旨演讲。他表示，"第三次抵消战略"本质上很简单，它假定人工智能及自主技术——自主系统方面的进步将带来一个新的人机协作及人机作战编组时代；人机协作是指利用计算机的战术敏捷性帮助人类作出更好的决策；人机作战编组是指利用有人及无人平台进行作战编组。

通过罗伯特·沃克在任期间的多次演讲来看，"第三次抵消战略"主要关注 5 个重点技术领域。一是自主学习系统。系统能接近实时处理大量数据，基于数据分析并作出决策，主要应用于网络防御、电子战、导弹防御、主动防护系统和大数据分析等领域。例如，美国国防高级研究计划局开展的"自适应雷达对抗"和"自适应电子战行为学习"项目，可帮助 EA-18G 电子战飞机在探测到未知雷达信号后及时采取措施，而无须将信息发送给后方基地进行分析；通过自主学习系统，美军能够分析恐怖组织"伊斯兰国"每天在网络上释放的 9 万多条消息，得出有用信息。二是人机协作。将人类的思考能力与人工智能快速解决问题的方法相结合，使机器能够帮助人类更好、更快地作出决策。例如，F-35 战斗机经进一步加装升级后，将成为空中探测器，能够搜集并分析大量数据，并将分析结果显示在飞行员头盔上，帮助飞行员更好地作出决策。三是机器辅助人员作战。比如，可穿戴的电子设备、头盔显示器和外骨骼等辅助士兵作战的装备。四是有人—无人作战编队。利用有人及无人系统间的创新协作，发展先进"系统之系统"作战能力。比如，美国陆军开展的"阿帕奇"直升机与"灰鹰"无人机协同作战试验、美国空军开展的F-16 战斗机发射"蜂群"无人机试验。五是能有效应对网络和电子战攻击的武器系统及网络化半自主武器系统。其核心是提高武器系统应对网络战和电子战攻击能力。例如，针对 GPS 卫星信号易遭干扰问题，美国防部对"小直径炸弹"进行改进，使其在没有 GPS 卫星制导情况下仍能继续作战。

人工智能、大数据等新兴技术在"第三次抵消战略"的重要地位从投资方面也可以看出端倪。美国国防部 2012—2017 财年在人工智能、大数据与云技术三大技术领域的支出情况显示，在近 6 年时间里，人工智能和自主系统方面的经费支出稳步增长，特别是 2014 年"第三次抵消战略"提出以来，经费投入快速提升。2012 财年以来，人工智能、大数据、云技术支出的年复合增长率分别为 14.5%、8.9%、0.7%，人工智能经费支出增速最快。2017 财年，美国国防部对三大技术领域的支出总额达到 740 亿美元，较 2012 财年上涨 32.4%。虽然"第三次抵消战略"已经不再成为显性战略，但基于技术塑造优势的逻辑，依然渗透在美军技术发展的洪流中。从国防部高层的重视程度看，哈格尔提出"第三次抵消战略"，卡特继任后继续推行，作为技术出身的官僚，有过之而无不及，不仅留任沃克担任常务副部长，而且非常注重从商业领域引进先进的人工智能、大数据等新兴技术，为此还于 2015 年 4 月专门成立"国防创新试验小组"（DIUx），赋予其直接向国防部长汇报的特权。特朗普上台后，吉姆·马蒂斯担任国防部长。马蒂斯虽然没有涉猎过研发领域，但仍然重视"第三次抵消战略"，强调"国防创新倡议"仍然是国防部的最高优先事项。马蒂斯于 2017 年 8 月 9 日还专门前往硅谷，与亚马逊和谷歌等公司管理层进行会谈，并在亚马逊总部重点考察了人工智能的发展。近年来，美国国防高级研究计划局先后启动"可解释人工智能""终身学习机器""机器常识"等重点项目，海军、空军多次开展有人—无人系统编队验证试验，似乎都沿着"第三次抵消战略"所关注的智能化、自主化路线前进，变化的只是推陈出新、不断迭代的形式，不变的是对人工智能等新兴技术的战略发展和创新应用。

二、人工智能在《国家安全战略》中的重要地位

《国家安全战略》处于美国战略体系最高层次，是美国关于国家安全的根本性、综合性指导方略，对《国防战略》《国家军事战略》及反恐、核、导弹防御等各领域战略具有顶层指导作用。

2017年12月18日，美国总统特朗普签发上任后首份《国家安全战略》，强调"美国优先"理念，坚持"以实力求和平"，以实现重塑美国优势的战略目标。美国新版《国家安全战略》由引言、四大战略支柱、区域战略环境、结论等七部分组成，其中支撑国家安全的"四大战略支柱"是保护美国人民、国土及生活方式，促进美国繁荣，以实力维护和平，扩大美国影响力。

在第二个战略支柱"促进美国繁荣"中，美国新版《国家安全战略》特意引用特朗普的观点，强调"经济安全就是国家安全"，提出要以科技创新增强经济竞争力，为美国繁荣奠定基础。"为了保持竞争优势，美国将优先发展对经济增长和安全至关重

要的新兴技术，如数据科学、加密、自动化技术、基因编辑、新材料、纳米技术、先进的计算技术和人工智能。从自动驾驶汽车到自主武器，人工智能领域的发展尤其迅速"。在研究、技术、发明和创新领域保持领先的行动举措方面，美国新版《国家安全战略》提出，了解全球科学技术趋势、吸引和留用发明家和创新型人才、利用私人资本和专业知识发展和创新、发明和创新的快速应用。

美国新版《国家安全战略》把人工智能作为对经济增长和安全至关重要的新兴技术领域，专门强调民用领域的自动驾驶和军事领域的自主武器，说明了人工智能的军民两用特征和快速发展态势，进一步强调其优先发展地位。美国新版《国家安全战略》在研究、技术、发明和创新领域提出的保持领先的举措虽然宏观概略，但反映了特朗普政府发展新兴技术的基本路径，对美军人工智能战略发展具有很强的指导意义。了解全球科学技术趋势突显了美国对国外发展情况的关注，从一个侧面体现了科技情报的重要作用。吸引和留用发明家和创新型人才，主要强调美国政府要与企业界和学术界加强合作，加大技术人才招募力度，同时，尽力留住联邦政府中的科学、技术、工程和数学（STEM）方面的人才。利用私人资本和专业知识发展和创新，主要是国家安全不仅是政府部门的任务，而且也依赖私营企业的技术，要求国防部和其他机构与美国公司建立战略伙伴关系，特别是引进和利用私营企业的技术来保障国家安全，这一思路不仅是近年来美国国防部门探索的经验总结，也是未来新兴技术发展的必由之路。发明和创新的快速应用，强调政府部门要改革旧的不合时宜的研发程序，对快速应用和勇于冒险的做法给予奖励。

三、《国防战略》关注人工智能的军事价值

《国防战略》是美国战略体系的重要组成部分，由国防部长主持制定和签发，层级位于《国家安全战略》和《国家军事战略》之间，服从并服务于《国家安全战略》，同时又是《国家军事战略》制定的依据。

2018 年 1 月 19 日，美国时任国防部长马蒂斯签发《国防战略》，其公开版摘要由引言、战略环境、国防部目标、战略途径和结论五部分组成，仅 11 页。美国新版《国防战略》认为，安全环境受到快速技术进步和战争特征变化的影响。在与中国和俄罗斯的长期战略竞争中，美军陆、海、空、天、网所有作战域的技术优势都面临竞争，美国亟需采取措施重振优势地位。

美国新版《国防战略》提出，包括先进计算、大数据分析、人工智能、自主性、机器人、定向能、高超声速武器、生物技术等在内的新兴技术，是确保美国打赢未来战争的重要技术。美国国防部将寻求利用快速发展的商业领域新兴技术，确保美军的领先优势。美国新版《国防战略》同时强调，在关键能力现代化中，为加强先进自主系统建设，国防部将在自主技术、人工智能

和机器学习的军事应用方面进行广泛投资，包括商业突破的快速应用，以获得具有竞争力的军事优势。

美国在先进计算、大数据、人工智能、生物技术等新兴技术方面一直处于领先地位。美军注重利用新兴技术形成新的军事优势，2018 年成立国防创新小组等机构，吸引商业领域新技术、新成果为其所用，甚至跳过转化环节，直接引入作战领域，提升创新速度，以适应快速发展的形势需求。随着人工智能技术的发展，近年来，自主系统成为国防部投资重点，无人机、无人车、无人船、无人艇、机器人等纷纷加入美军作战力量体系，新的作战概念和作战样式正在开发试验。美国新版《国防战略》对自主技术、人工智能和机器学习的强调和布局，对人工智能在美军的战略发展具有很强的牵引和指导作用。

四、《国防部数字现代化战略》内含人工智能与其他新兴技术之间的关系

2019 年 7 月，美国国防部发布《国防部数字现代化战略》。《国防部数字现代化战略》同时作为 2019—2023 财年《国防部信息资源管理战略规划》，由美国国防部首席信息官牵头制定，旨在推进数字环境现代化，维持美国在信息技术方面的世界领先地位，使联合部队在现代战场上保持竞争优势，是对《国家安全战略》《国防战略》的响应。《国防部数字现代化战略》还表明了人

工智能与大数据、量子计算、物联网等新兴技术的关系，强调了人工智能在数字现代化中的重要作用。

《国防部数字现代化战略》提出数字现代化建设的四大目标：加强创新以获得竞争优势，优化运行方式以提高效率和能力，改进网络安全以打造灵活、弹性的防御态势和培养高质量、有经验的数字化人才队伍。每个目标包括若干分目标。《国防部数字现代化战略》将人工智能作为跨越所有国防部职能的力量倍增器和变革驱动器，列为国防部首席信息官优先事项之一。在加强创新以获得竞争优势目标中，明确提出联合人工智能中心的建立及其职能任务这一分目标。"建立联合人工智能中心，加速应用和集成人工智能能力，以实现规模任务影响。"要与产业界、学术界和伙伴国建立伙伴关系，以确保拥有最先进的人工智能作战能力；开发和维持企业基础设施技术堆栈，使人工智能作战能力的部署保持应有的速度和规模；在人工智能的规划、政策、监督、伦理和安全方面对国防部进行领导；提供支持人工智能的能力，以应对关键任务；确保 / 认证为联合人工智能中心实施开发的人工智能算法、数据和模型。

附录 A"技术为国防部注入新活力"指出，有望提高效能、效率和安全性的代表性技术，包括人工智能、大数据、量子计算、软件定义网络、区块链、加密现代化、物联网、5G 通信、IPv6（互联网协议第 6 版）等，并具体进行解释说明。附录 A 还将人工智能排在第一位，重点强调"能够最快驾驭和利用人工智能潜力的军事竞争者将获得重大的军事优势。在确保坚守军事道德以及保障人工智能安全的同时，国防部必须在人工智能领域新兴军事技术竞争中塑造优势。在当今新型竞争时代，那些能够整合适应尖端技术并快速灵敏地提出创新性作战概念的军队，才能赢得决定性作战优势。实现国防部的人工智能战略，需要为国防部的人工智能确定适当的案例，快速试点解决方案，并在全军范围内推广应用。联合人工智能中心是实施该战略的核心"。

人工智能具有综合性、集成性、跨域性等特点，与大数据、云环境、信息网络、计算机技术等都存在协作增效关系，自主武器的核心是机器智能，而机器智能的开发、使用，都离不开算法、数据以及信息环境保障。作为美军的数字现代化战略和信息资源管理战略，把人工智能作为重要内容，反映了人工智能与数字化、信息资源的重要关系，也反映了美军将人工智能作为统合性力量倍增器，关联和带动其他军事因素发展的目标导向。

第二章　美军人工智能战略发展态势

近几年来，美国在确保国家安全、维护技术优势理念的统摄牵引下，从国会到白宫，从国防部到各军种，都把人工智能发展作为炙手可热的重要议程，制定多项推进战略与政策，设立多个组织与机构，并多层次、分领域布局开展项目研究与应用探索，形成了从战略指引、组织领导、研发应用到能力生成的全链条、多路径发展态势。考虑到研究主题和研究内容的宏观性、层次性，本章结合美国智库的研究范围，将美军人工智能发展聚集到战略发展方面，不过多涉及具体的技术发展问题。

第一节　美军人工智能发展的战略与政策

战略与政策是美军人工智能发展的宏观指导。近几年来，美国国会、白宫和国防部连续密集出台多份人工智能战略、法律、政策文件，从经济发展、国家安全、技术优势等方面进行规划和指引。这些战略与政策有的侧重战略形势分析判断，有的注重人工智能综合影响，有的直接指导国防军事应用，对美军人工智能发展形成了协同引领和综合指导。

一、美国白宫连续发布战略文件指导推进

2016 年 10 月，美国国家科学技术委员会（NSTC）连续发布了《为人工智能的未来做好准备》和《国家人工智能研究和发展战略规划》两份重要文件，将人工智能上升到了国家战略层面，为美国人工智能的发展制订了宏伟计划和发展蓝图。《为人工智能的未来做好准备》介绍了人工智能的历史、定义及当前发展，并从人工智能的社会效益、人工智能在联邦政府中的应用、人工智能与管理、人工智能研究与人才队伍等方面，向美国政府提出

具体的应对建议。《国家人工智能研究和发展战略规划》从研究投资、社会影响、安全可靠、人才需求等方面提出了指导意见。经过近3年的发展后，2019年美国对《国家人工智能研究和发展战略规划》进行更新，在原有的基础上，将公私合作作为人工智能研发投资的一大战略方向。

2019年2月11日，美国总统特朗普签署行政令，启动"美国人工智能倡议"，明确美国人工智能未来发展的五大重点领域：投资人工智能研发、释放人工智能研发所需资源、加强人工智能应用法规指导、强化人工智能人才队伍建设，以及保护美国人工智能技术优势。倡议旨在保持和增强美国在人工智能研发和部署方面的领导地位，内容具体、分工明确、时限清晰，体现了特朗普政府对人工智能发展的高度重视和全面设计。2019年11月，美国国家科学技术委员会发布《2016—2019年进展报告：推进人工智能研发》报告，总结了美国政府机构遵照《国家人工智能研究和发展战略规划》要求，在人工智能研发方面取得的重要进展。2020年2月26日，美国白宫科技政策办公室发布《美国人工智能倡议首年年度报告》，主要从投资人工智能研发、释放人工智能资源、消除人工智能创新障碍等方面，总结了美国过去一年在实施"美国人工智能倡议"方面取得的重大进展。

二、美国国会协同强势推进人工智能战略发展

国会采用白皮书、公开报告等形式，为人工智能立法进行造势。2017 年 1 月，参议院军事委员会在主席约翰·麦凯恩的主导下，发布名为《恢复美国力量》的白皮书，为新政府和国会提供关于未来五年（2018—2022 财年）国防预算的可行性建议，其中提出，要为无人和自主系统、人工智能、机器人、网络和太空能力、高超声速武器、定向能、电子战等新型能力增加投资。2018 年 9 月，众议院监督和政府改革委员会信息技术小组委员会发布《机器崛起：人工智能及其对美国政策不断增长的影响》报告，综合多位听证会作证人和顶尖人工智能专家的意见，对人工智能领域发展态势及面临挑战进行分析研判，从维持美国在人工智能领域全球领先地位出发，提出应对建议。

国会连续在国防事务立法中对人工智能进展情况进行监督，通过法律强化推行力度。《2019 财年国防授权法案》对人工智能进行了重点强调，主要包括两个部分：第一部分（第 238 节）要求国防部部长制订战略计划并协调国防部的人工智能发展；第二部分要求设立人工智能国家安全委员会，该委员会成员由美国立法和行政机关任命，通过评估美国在国家安全、国防、公私伙伴关系和投资方面的国际竞争力，对美国人工智能发展提供建议。《2020 财年国防授权法案》也设有专门条文，重点对国防部联合人工智能中心职能作用发挥提出要求。

三、美国国防部加快推进人工智能战略发展

为了落实白宫、国会和《2018 年国防战略》的要求，争夺人工智能领域军事优势，2018 年 6 月，美国制定《国防部人工智能战略》，该文件是《2018 年国防战略》的一个保密附件，直到 2019 年 2 月才公开了一个概要版本，主要内容包括前言、引言、战略途径、重点领域、结论五个部分，着重强调人工智能技术将深刻影响军事作战、训练、保障、保护、医疗等方方面面，改变未来战场，国防部要加速采用人工智能技术，以提高作战效能和效率，增强国家安全。《国防部人工智能战略》关注的重点领域包括提供可遂行关键任务的人工智能能力，与领先的私营企业、学术界和全球盟友合作，培养人工智能人才队伍，引领军事伦理和人工智能安全，并强调国防部联合人工智能中心是最为关键的执行机构。

国防科学委员会和国防创新委员会是美国国防部非常倚重的两大国防科技决策咨询组织。国防科学委员会成立于 1956 年，主要致力于科学技术对于战争新机遇的研究和建议；国防创新委员会成立于 2016 年，主要任务是就商业领域具有军事应用潜力的创新进行咨询建议。两大组织针对人工智能发展提出多项建议。2017 年初，国防科学委员会就发布《新政府七大国防优先事项》报告，提出七大国防优先事项，帮助特朗普政府迅速着手应

对美国所面临的紧迫的国家安全问题，抓住军事新技术发展的机遇，发展智能系统和自主能力是其中重要内容。国防创新委员会提出多项报告建议，涉及网络安全、软件采办、人工智能、计算环境等，大多与人工智能有关。其中，《人工智能原则：国防部人工智能应用伦理的若干建议》提出"负责、平等、可追溯、可靠、可控"五项原则，目前正在通过国防部官方渠道使这些原则正式化。

军种按照国防部统一部署，因应形势发展需要，制定军种人工智能战略，作为《国防部人工智能战略》附件，加大对人工智能在本军种的落实指引。其中，2019 年 9 月，美国空军发布《空军人工智能战略》，介绍了美国空军人工智能战略背景和目的，阐述了信息技术、数据、算法、人才和伙伴关系等主题的原则、规划和执行目标。美国陆军在人工智能方面发布多份政策文件。2017 年 3 月，陆军训练与条令司令部发布《机器人与自主系统战略》，主要阐述陆军未来作战所面临的挑战、机器人与自主系统（RAS）的重要性、陆军机器人与自主系统战略目标、所需资源等，其中的目标又分为近期、中期及远期目标，近期优先目标是增强态势感知能力和减轻士兵身体负荷，中期优先目标是提高保障能力及士兵防护，远期目标是利用无人战斗车辆增强机动性。未来，自主系统将被完全集成到作战部队，使士兵和指挥官专注执行任务而非对机器人进行操作和进行直接任务控制。2018 年 3 月，美国陆军研究实验室发布《有望变革 2050 年地面作战的科学技术》报告，分析了2050年前有望取得重大突破并可能改变地面作战"游戏规则"的八项科学技术：人造细胞、合成孔径成像算法、量子红外传感器、量子信息科学、未来弹性战术网络、智能编队、嵌入式人工智能、复杂性科学，其中大多与人工智能紧密相关。上述八项科学技术是由陆军研究实验室战略预测委员会的领域专家选出，直接影响陆军未来科学技术发展研究方向。

第二节　美军人工智能推进的组织与机构

为了推进人工智能发展，美国政府先后成立多个指导咨询组织和发展机构，专司人工智能发展指引、研发与应用推进。这些组织机构有国家层面的，也有国防部层面的。在美国人工智能发展大战略格局中，同一层面的组织机构相互协同配合，不同层面的组织机构相互联系影响，显示了美国在人工智能发展上的一体性、协同性。在这一体系结构中，美军的人工智能发展更为突出，国防部和军种都成立相应的人工智能发展专职机构，形成了协同推动人工智能发展的重要力量。

一、高层次咨询指导组织

在从顶层推进人工智能发展的过程中，白宫科技政策办公室是重要推手，国家科学技术委员会是重要依托。这两个组织机构既从行政的角度宏观指导，又从科学技术的角度联系知名专家学者，架起了高层官员与科技界之间的沟通桥梁，形成人工智能高层次、专业化推进的发展态势。

近年来，多个人工智能专门咨询组织相继成立。2016年5月，美国国家科学技术委员会成立人工智能特别委员会，专门负责跨部门协调人工智能的研究与发展工作，并就人工智能相关问题提出技术和政策建议，同时监督各行业、研究机构以及政府部门的人工智能技术研发。

2018年5月10日，美国成立人工智能特别委员会，主要任务是加强联邦人工智能相关工作的协调，确保美国在这一领域继续保持领先地位。该委员会由白宫科技政策办公室负责管理，在国家科学技术委员会内运作。根据人工智能特别委员会的章程，委员会成员均来自联邦政府的"最高级别的研发官员"，包括商务部负责标准和技术的副部长、国防部负责研究和工程的副部长、国防高级研究计划局局长、能源部负责科学的副部长、国家科学基金会主任等。

2018年6月，美国人工智能特别委员会设立两个小组委员会，分别负责两个领域的工作。其中，机器学习和人工智能小组委员会作为特别委员会的运营和执行部门，主要负责执行和其他具体工作，小组委员会成员由白宫科技政策办公室负责人工智能的助理主任、国家科学基金会计算机与信息科学和工程助理主任、国家科学技术委员会信息技术实验室主任以及能源部科学办公室副主任等人组成。

根据《2019 财年国防授权法案》，美国还成立独立的人工智能国家安全委员会，全面评审和分析人工智能技术与系统，定期向国会和政府提交评审结果及建议报告。主席由国防部前副部长，新美国安全中心资深研究员罗伯特·沃克，谷歌公司前CEO、Alphabet 公司技术顾问埃里克·施密特共同担任。

二、体系性专门推进机构

在顶层战略指导下，美国科技管理和研发部门，如国防部、能源部、科学基金委员会等，都成立了专门协调组织人工智能发展事务的机构，整体推进和协同发力人工智能研发活动。国家标准与技术研究院于 2019 年 8 月 9 日发布自己的人工智能计划，能源部于 2019 年 9 月 6 日宣布成立人工智能与技术办公室，随后还成立"以人工智能为核心的架构和算法中心"，汇集太平洋西北国家实验室、桑迪亚国家实验室等机构一流科学家，致力于解决人工智能领域面临的最大挑战。

2018 年 6 月，美国国防部常务副部长沙纳汉发布备忘录，宣布成立一个由国防部首席信息官主管的联合人工智能中心，主要职能是加强国防部人工智能发展总体统筹，加速交付人工智能能力。其主要任务分为"国家任务计划"（NMI）和"部门任务计划"（CMI）两类。其中，"国家任务计划"以《国防战略》中的关键作战问题或上级部门下达为主，旨在解决紧迫的作战或业务改革问题，由中心推动开展，各军种协同推进。"部门任务计划"旨在利用人工智能解决各部门面临的问题。

在国防部联合人工智能中心成立后，各军种也相继成立负责协调发展人工智能技术和应用的专门机构。2018年10月，时任美国陆军部长马克·埃斯珀签署题为《陆军人工智能任务小组以支持国防部联合人工智能中心》的指令，要求成立陆军人工智能任务小组。陆军人工智能任务小组由陆军未来司令部（AFC）指挥，旨在迅速整合和统筹整个陆军体系和国防部国家军事行动的人工智能活动，缩小现有人工智能能力的缺口，为国防部联合人工智能中心提供支持。2018年11月，美国空军成立人工智能跨职能小组，协调空军范围内的人工智能活动。

美国国防部和军种成立人工智能发展的专门机构，形成了对接战略要求、相互分工协同、加快推进应用的组织体系。国防部联合人工智能中心侧重于基础性、通用性、总体性工作，比如，制定人工智能开发与交付的管理框架及标准，负责协调年度经费超过1500万美元的所有国防部人工智能相关项目，建立国防部范围内应用人工智能的通用基础，包括工具、共享数据、可重复使用技术、流程、专业知识。军种人工智能任务小组的主要任务是瞄准军种问题，突出军种特色，统筹计划项目，加快落地应用，比如，空军关注为飞行员提供人工智能相关产品，陆军侧重地面车辆的人工智能应用。

第三节　美军人工智能布局的项目及应用

近年来，美军在人工智能发展上布局项目众多，主要由国防部联合人工智能中心、国防高级研究计划局、国防创新小组以及军种相关研究机构组织实施，集中分布在辅助决策、自主系统、协同作战、情报监视侦察、网电对抗、维修保障等领域。这些项目根据职能定位，注重核心关键基础问题突破，充分利用先进商业技术力量，加快转化应用形成作战能力。项目目前的发展正在从点的突破向不同领域面的应用延伸，从简单辅助应用向系统级复杂深度应用拓展。

一、人工智能前沿基础关键技术成为重点突破方向

美军正加快推进基于机器学习的第二代人工智能技术的作战

应用，但是，机器学习的"黑箱"现象、不可解释性、难以进行常识推理等问题，使人工智能在军事应用中存在可信性、移植性风险，这些问题是人工智能领域的前沿基础问题。目前，美军已由国防高级研究计划局开始布局研发具有语境推理能力的第三代人工智能技术，探索这些技术的关键突破和应用场景，以应对未来更具挑战性的复杂战场环境。

国防高级研究计划局是美军开展人工智能研究的先行者，同时也是重要的研究机构之一，曾资助产生了互联网、无人机等重要装备。它从20世纪60年代初期开始，就支持人工智能技术研究，并一直在前两代人工智能的发展中发挥着主导性角色。作为美军前沿创新机构，当前，国防高级研究计划局正将投资重点转向第三代人工智能技术，2018年9月启动"下一代人工智能"计划，规划未来5年为新项目和现有项目预计投资超过20亿美元。重点人工智能项目有终身学习机器（L2M）、可解释的人工智能、机器常识（MCS）、人工智能探索（AIE）等。其中，可解释的人工智能项目主要是开发新一代机器学习技术，以便产生一套基础理论来解释人工智能得出的结论，因为系统必须能够解释它们的基本原理，让用户知道系统的决策建议是如何得来的，这样才能得到用户的理解和信任，但是现在深度学习方法难以满足这一要求。

二、多领域布局研究探索成为重要发展特点

目前，美军大力推动将人工智能应用于武器系统、大型平台和作战网络，以期尽快形成新的作战能力。但根据人工智能所能产生的功能和主要计划项目来看，美军目前重点在态势感知、辅助决策、力量运用、后勤维修等领域进行研究探索，武器系统和大型平台主要是集成整合或加装突出了部分功能。

在态势感知方面，美军聚焦于开发自动化目标识别、海量数据处理等能力，便于实时掌握战场空间态势。信息网络是态势感知方面的重点应用领域，近几年来，美军利用人工智能对大量数据的实时监测能力，在网络安全领域设置了一系列项目，开展应用程序事件监测、网络空间数据工程、传感器数据分析、自动漏洞修补和社交媒体分析等方面的研究，当前，态势感知已经逐步由车辆、飞机等武器平台向太空等领域扩展。比如，2019 年 4 月，美国空军空间和导弹系统中心委托总部位于洛杉矶的弹弓航空航天公司开发"轨道阿特拉斯"（Orbital Atlas）太空态势感知预测系统，旨在运用人工智能和云计算技术的创新来增强美空军的太空态势感知能力。

在辅助决策方面，美军主要适应充满不确定性、信息缺失和猜测的战场环境，寻求利用人工智能进行战略推理、作战规划等辅助决策活动。陆军人工智能工作组"移动协同与自主传感器的辅助威胁识别"（ATR-MCAS）项目，能够通过人工智能和机器

学习技术处理多个传感器图像数据，并对这些数据进行分类、识别和评估，融合显示在通用作战态势图中，同时对已识别出的威胁进行优先级排序，并能根据组合威胁态势提出建议和预测，以有效减轻作战人员认知负荷。联合人工智能中心正在开发的"机动和火力人工智能系统"项目，主要功能是对指挥官接收到的大量战场信息进行自动整理分析，系统能够将情报、传感器数据和作战指挥控制信息（比如友军的位置）组合成单一的通用作战图，协助指挥官进行辅助决策。美军还利用人工智能对抗反卫星武器，主要是利用人工智能模型，使用先进算法整合实时和预存复杂信息，通过分析预警数据集帮助指挥官开发综合视图，帮助更快更好决策，这些数据集包括传感器信息、目标数据、导航细节、敌方武器和作战能力的威胁库，以及各种敌方导弹发射和飞行轨迹特征。

在力量运用方面，美军积极发展机器人和自主无人系统等智能化平台，以及蜂群作战、认知电子战、自动化网络攻防等新兴作战能力，大幅提高作战速度和效能。美国空军最早发展无人机并投入实战，通过一系列专项规划，已基本形成覆盖高、中、低空，大、中、小、微型的空中无人装备体系，"灰鹰"、"死神"和"全球鹰"等无人机已初步具备自主机动能力，可自主完成起飞和着陆，同时还初步具备机上航路再规划能力。比如，在蜂群作战方面，美国国防高级研究计划局以及空军、海军等相关机构开展了大量演示验证项目，不断向实战化方向迈进。2016 年 6 月下旬，美国海军在 40 秒内连续发射 31 架"郊狼"无人机，开展了一系列蜂群编队和机动试验。国防高级研究计划局开展的"小精灵"项目，利用 C-130 运输机投放小型无人机蜂群，这些无人机携带侦察与电子战载荷，可对敌方防御系统实施饱和攻击。

在后勤维修方面，美军实现预测性维护以及关键业务流程的自动化。对于武器系统设计和使用过程的大量数据来说，人工智能系统能够比人类更加经济、高效地理解分析，对维修保障具有特殊价值。美国陆军利用国际商用机器公司（IBM）的"沃森"系统进行的维修预测项目，能够在几秒钟内将收集到的新信息与历史数据库进行比较，而且可以从维修手册、报告、安全材料、车辆历史信息和其他车辆技术中获取非结构化信息，分析有关潜在发动机故障和其他关键车辆系统的信息，有助于作战和后勤行动。国防创新小组主管的"预测性维护"项目旨在对武器系统部件何时失效或何时需要更换进行智能化预测，提高后勤供应链效率。目前，预测性维修软件已应用于空军的 E-3"哨兵"预警机及 C-5"银河"运输机，根据美军初步分析，人工智能可预测 E-3"哨兵"6 个子系统 28% 的计划外维修任务，以及 C-5"银河"10 个子系统 32% 的计划外维修任务。美军报告强调，预测性维修将使维修发生革命性变化，从当前基于时间的维修方式转变为预测性维护，而且通过使用预测性维护，国防部每年所有飞机平台的维护开支可节约 30 亿美元。

三、"算法战"项目研究与应用

近年来，美军通过情报监视与侦察平台收集到的数据呈爆炸式增长。"9·11"事件后，源自无人机和其他监控技术的数据量增长了 16 倍，仅空军每天收集的情报侦察视频约 1600 小时。由于数据量大，美军难以快速准确地进行分析，也就无法满足决策指挥需要。随着以人工智能为引领的智能化技术集群的发展，美军结合情报领域需求，推出"算法战"项目。

2017 年 4 月 26 日，美国国防部副部长沃克发布名为"专家工程"的备忘录，宣布成立算法战跨职能小组（AWCFT），启动美军"算法战"相关概念和技术应用研究，并计划投入 7000 万美元。研究工作聚焦情报数据分析领域，采取云计算、人工智能等新兴技术，利用商业算法库、开源算法及数据等资源，为特定任务开发高精准度算法模型，经过集成后交付部队使用。研究过程中，算法战跨职能小组协同国防创新小组、战略能力办公室和陆军研究实验室，广泛与知名企业合作，共同开发自然语言处理、深度学习、边缘计算、计算机视觉模型等与"算法战"相关的新技术。

支持无人机视频处理分析是"算法战"的主要应用场景之一。分析师在无人机控制屏幕上看到车辆进入感兴趣的区域并启动拍摄，算法系统会将所拍摄的图像与先前观察到的图像进行比较，自动显示出具有类似车辆的全动感视频集合，分析师在全动感视频上选择感兴趣的移动物体并打上标签，如"恐怖主义分子001"，算法系统将被标记对象的地理定位及运动轨迹自动记录在分析师的地图工具上，最后由分析师向指挥官提出行动建议。

2017年11月，成立仅半年的算法战跨职能小组开发出首批4套智能算法。同年12月，美军在中东秘密地点首次运用这些算法成果，帮助美国特种作战司令部情报分析人员自动识别"扫描鹰"小型无人机所拍视频中的人、车辆、建筑等目标。通过使用数千小时的无人机视频对算法进行训练，目标识别准确率从60%提高到80%。2018年夏天，项目部分算法开始在美军"死神"等大型无人机的视频数据自动分析中进行测试，后续还应用于美军自动实时地面全部署侦察成像系统（ARGUS-IS）。截至目前，项目开发的算法已在美国多个部队实现部署。联合人工智能中心2018年6月成立后，接管了"算法战"项目，并协调"算法战"研究与国防部潜在项目展开合作，促进"算法战"研究成果全面融入国防部相关项目。"算法战"是美国将人工智能用于军事领域的典型案例。在成功应用于情报监视侦察领域的基础上，"算法战"正逐步向美国防部各领域渗透，其最终目的是将人工智能及其他尖端技术扩展到国防部运营的各个方面，包括应用于预防性维护、后勤、医疗、通信和基础设施等领域，维持对日益强大的竞争者及对手的绝对优势。

第三章　作为美军人工智能战略发展重要策源的智库力量

　　策源是对一项活动从源头上进行策划、策动、扩散，甚至辐射整个活动发展过程的驱动性行为，是一种地域、组织、机构或者人员核心影响力的重要表现形式。人工智能作为美军赖以形成新的竞争优势的重要领域，其战略发展主要源于决策体系内外多种组织机构以及人员的催生和驱动，其中，智库是重要的策源力量，发挥着策动政策之源、策划政策议题、推动发展议程的重要作用。

第一节　美军人工智能战略发展策源体系

美军人工智能战略发展策源体系主要是指驱动和推进美军人工智能战略发展决策的体系性力量。按照驱动力量的性质，策源体系可分为决策机构和咨询组织。决策机构主要是制定并监督美军人工智能战略发展政策的立法机构以及行政机构。比如，美国国会、白宫及国防部等。而咨询组织则是为决策机构提供咨询研究服务的组织，包括联邦政府内部的咨询组织和联邦政府以外的咨询组织，前者如各种联邦咨询委员会，后者如智库、大学以及各种行业协会等。

一、主要决策者及机构

在人工智能领域，总统拥有最高行政决策权力，国会则拥有最高立法权，国防部等相关机构则向总统和国会提交人工智能战略发展重大咨询建议并负责落实。同时，国防部等相关机构在职责范围内也有相应的决策权。

（一）美国国会

美国国会是美国最高立法机构，由参议院和众议院组成。美国宪法规定国会具有立法、代表选民发言、监督、公众教育、调解冲突等职能。其中，立法权和监督权是最重要的两个法定职责，具体可细分为以下几种：一是立法权，法律须经国会通过、总统签字后才生效；二是人事任命权，根据宪法和法律的规定，总统提名任命的高级官员须征询参议院的意见和经参议院批准；三是调查权，可以成立特别委员会对相关问题进行调查。

国会中的委员会一般分为四种：常设委员会、协商委员会、专门委员会和联合委员会。常设委员会是国会基本的工作单位，具有立法权限，每个常设委员会下设若干小组委员会，一项议案在送交全院讨论或投票之前，必须提交常设委员会审议，而常设委员会通常会根据议题的不同将其分送有关小组委员会，实际上，审议工作是在小组委员会进行的。如果某个常设委员会或者小组委员会赞同某个提案，它们通常采取举行听证等方式收集有关信息，然后委员会通过修正案的形式完善提案，最后将提案送到全院大会进行辩论，全院通过之后，方案被送到协商委员会，协商委员会由两院议员组成，协调参、众两院对同一方案的不同文本。方案在协商委员会进行协调，有可能附加新的、两院议员都能够接受的修正案，如果两院议员在协商委员会能够就方案文本达成妥协，方案将被返回两院全体会议讨论是否通过，在此阶段不能对方案进行修改，要么通过，要么不通过。如果方案在这一环节获得通过，则该方案将送交总统签署成为法律。如果总统否决了此议案，需要参、众两院三分之二多数通过才能推翻总统的否决，议案方能成为法律。

人工智能与科学技术和军事紧密相关，而国会也有与科学技术、军事对应的常设委员会，其中，在科学技术方面，众议院负责科技事务的是科学、空间和技术委员会，下设能源、空间、研究和技术、监督、环境等5个小组委员会。参议院涉及科技事务最多的是商务、科学与运输委员会，下设航空、通信、消费者事务、海洋与渔业、科技与空间、陆运与海运等6个小组委员会。在军事方面，参议院和众议院都设有军事委员会，参议院军事委员会下设战略力量、海上力量、战备与管理支持、人事、新兴威胁与能力、空地一体等6个小组委员会。众议院军事委员会下设战术空中与地面部队、军事人员、监督与调查、海上力量与投送部队、战略部队、新兴威胁与能力等6个小组委员会。新兴威胁与能力小组委员会对美军人工智能战略发展最为关注。

美国众议院还于2017年5月成立了两党人工智能核心小组，其任务是向决策者通报人工智能进步的技术、经济和社会影响，确保人工智能和相关领域的快速创新尽可能充分地造福美国人民。一个由美国参议员组成的两党团体宣布成立参议院人工智能核心小组。核心小组认识到人工智能的变革潜力，寻求将国会议员与私营部门和学术界的人工智能专家联系起来。

国会还有政府问责局、国会研究服务处等工作机构为国会和社会服务。政府问责局是一个独立的、不分党派的审计机构，其职责是调查、监督联邦政府如何花费纳税人的钱，每年都要发布许多包括科技项目的审计报告，揭露问题、提出建议。对于政府问责局的建议，相关行政部门必须回应。国会研究服务处是为两院委员会以及议员提供政策、法律研究报告的机构，其提供的大量分析报告在立法确定预算优先项目时发挥了重要作用。比如，国会研究服务处于 2018 年 4 月 26 日发布《人工智能和国家安全》报告，从立法者角度探讨了军事人工智能的潜在问题，提出了国会需要考虑的问题。

（二）美国总统

美国总统是美国行政部门的最高领导与三军统帅，有权选任行政部门负责官员（须经参议院认可），以及其他联邦政府高级官员。在总统行政办公室内设有科技政策办公室，科技政策办公室的主要职责是为总统和政府最高层在科学、工程以及技术方面必须注意事项提出建议，这些建议包括但不限于经济、国家安全、国土安全、健康、对外关系、环境等方面；对联邦政府在科学与技术方面投入的规模、质量和效果进行评估；协助总统进行政府研究开发计划方面的统筹领导和协调。

依据总统行政命令 12881 号，美国设立国家科学技术委员会，白宫科技政策办公室主任（同时作为总统科技顾问）管理着国家科学技术委员会。国家科学技术委员会为内阁级委员会，总统担任主席，成员包括副总统、各内阁部长、联邦主要科技部门负责人、白宫科技官员等，是白宫协调联邦政府各研发管理和执行部门的重要机构，主要职责包括在科学技术政策制定过程中发挥协调作用；确保科学技术政策和计划与总统的既定目标一致；在联邦政府机构之间协调整合科学与技术政策议程；确保在联邦政策和计划的开发与实施过程中考虑科学与技术；在科学技术领域开展进一步的国际合作等。

国家科学技术委员会设有 6 个下一级委员会：科学体系委员会，环境委员会，国土与国家安全委员会，科学委员会，科学、技术、工程和数学（STEM）教育委员会，技术委员会。每一个

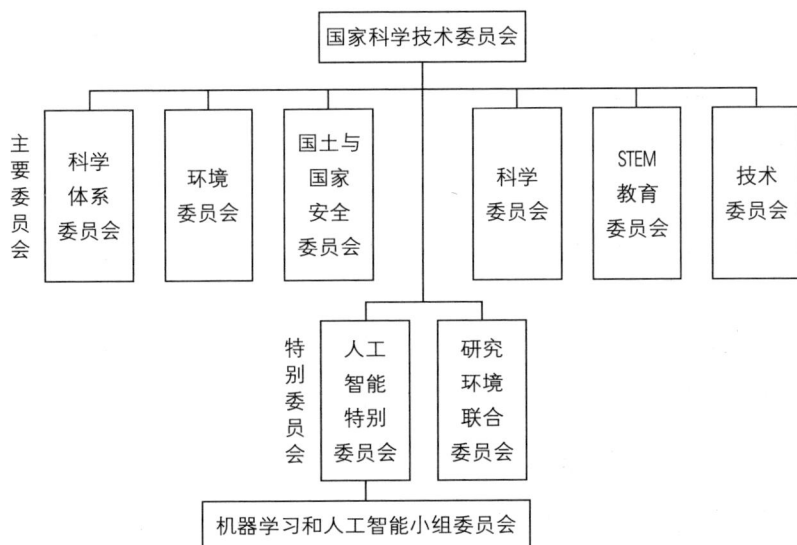

图 3-1　国家科学技术委员会组织结构简图

委员会下面还设有小组委员会、跨部门工作组、和 / 或专注于特殊议题的工作组。

近年来，白宫科技政策办公室在美国人工智能发展方面举措颇多。2018 年 5 月 10 日，白宫科技政策办公室举办了一场人工智能科技峰会，参加人员包括美国政府高级官员、著名企业高管、顶级技术专家等，场面宏大、阵容豪华。白宫科技政策办公室还在国家科学技术委员会下组建了人工智能特别委员会，主要负责向白宫提供政府层面的有关人工智能研究与发展方面的建议，同时帮助政府、私企和独立研究者建立合作伙伴关系。人工智能特别委员会由美国联邦政府中的最高级别研究部门官员组成。美国在 2016 年、2019 年分别公布人工智能研发战略规划就是由人工智能特别委员会制定的。2020 年 2 月，白宫科技政策办公室公布《美国人工智能倡议首年年度报告》，总结了 2019 年 2 月以来特朗普政府实施"美国人工智能倡议"以来取得的重要进展。

（三）美国国防部

美国国防部是美国政府下属的一个行政部门，1949 年根据《国家安全法》修正案组建。国防部由国防部长办公厅及其领导的业务局与直属机构等部门组成，主要职能包括：一是维持和使用美国武装力量，为支撑和捍卫美国宪法应对国内外所有敌人；二是为确保美国及其属地和利益攸关区域的安全采取及时而有效的军事行动；三是维护和增进美国国家政策和利益。

国防部长办公厅是国防部的本部机关，负责国防政策的制定、规划、资源管理、经费与项目的评估与监督，并通过正式或非正式渠道与美国政府其他部门，以及外国政府和国际组织开展合作交流。国防部长办公厅成员主要包括：充当首席管理官的常务副部长、国防部各副部长、国防部总监察长、国防部法律总顾问、各助理国防部长以及根据法律和国防部长授权确定的人员等。

在国防部内，与人工智能战略发展紧密相关的领导人有首席信息官和负责研究与工程的副部长。首席信息官由国防部根据《克林杰—科恩法》于1996年设立，主要职责包括：制定国防部信息技术和信息系统运行与防护的战略和政策，制定国防部信息技术体系结构、信息技术标准，确保国防部信息技术的互操作性；监督和评估国防部信息技术投资的绩效，并对国防部信息技术预算实施审查；消除国防部内部部门与外部部门间存在重复建设问题的信息技术（包括系统、应用与基础设施），提高经费使用效益；制订国防信息保证计划，负责信息安全等。美国国防部联合人工智能中心就设立在首席信息官管理架构下。

负责研究与工程的国防部副部长设立于2018年，由原负责采办、技术与后勤的国防部副部长职能拆分而来。美军根据国会相关法律，将原负责采办、技术与后勤的国防部副部长拆分为负责研究与工程的国防部副部长和负责采办与保障的国防部副部长。根据国防部 2020 年 7 月 15 日发布的指令，负责研究与工程的国防部副部长是国防部长和常务副部长的首席业务助理和顾问，负责国防部研究与工程体系建设，以及技术开发、技术转化等事务。

作为国防部首席技术官，负责研究与工程的国防部副部长根据《国防战略》，确定现代化优先事项，确保国防部技术基础设施、工程研制、科学能力及相关资源与现代化优先事项保持一致；可以在业务范围内制定政策、战略、指南，领导和监督国防部各部局的科研活动，负责领导开发颠覆性技术及能力，避免美国被技术突袭并给对手制造突袭。人工智能作为美军重大优先技术领域，受到负责研究与工程的国防部副部长高度重视，其主管的现代化局专门负责重大技术领域推进工作，在人工智能 / 机器学习、自主性、网络、定向能、高超声速、全网络化指挥控制与通信、微电子、量子科学、太空等领域设助理局长实施专管。在人工智能和机器学习领域，负责研究与工程的国防部副部长监督研发活动，并与首席信息官协调人工智能产品向作战人员的转化。

（四）其他机构

在美国政府决策体系中，还有其他一些管理机构，也可以在自己的职责和领域范围内，发起与人工智能相关的战略、政策、计划、项目以及设立相应的机构。比如美国能源部、商务部所属的美国国家标准与技术研究院（NIST）等。能源部作为美国实力强大的研发管理部门，为了执行特朗普政府关于人工智能的行政命令，于 2019 年 9 月成立人工智能和技术办公室，作为所属部门和实验室人工智能工作的协调机构，加速人工智能交付能力，扩大部门范围内人工智能的发展和影响，推进机构的核心任务，扩大伙伴关系，支持美国人工智能的领导地位。

美国国家标准与技术研究院成立于 1901 年，主要任务是建立国家计量基准与标准，发展为工业和国防服务的测试技术，研制与推行标准服务，承担相关应用计算技术等研究工作。为了执行特朗普政府的行政命令，美国国家标准与技术研究院 2019 年 8 月发布《美国在人工智能领域的领导地位：联邦政府参与开发技术标准与相关工具的计划》，建议联邦政府加强机构之间的人工智能标准相关知识、领导力和协调，以最大限度地提高效力和效率；促进对人工智能系统可信度的重点研究；支持和扩大公私伙伴关系；加强国际合作。此外，美国国家标准与技术研究院还发布了关于政府如何制定人工智能技术和道德标准的指导意见等诸多研究咨询报告。

二、主要咨询组织

根据政治学中描述美国政治决策过程的"同心圆理论"，处于核心主体的是总统和幕僚、政府部门、国会，其次是利益集团、政党和智库，最外围的是公众舆论、大众传媒和政治文化。

围绕美国总统、国会及国防部人工智能相关战略决策，能够提出专业、系统建议的咨询组织可以分为两类：一是由联邦政府组建、主要为政府决策提供咨询服务的联邦咨询委员会类组织；二是独立于联邦政府、活跃于思想市场、具有政策建议功能的智库、大学以及行业协会等组织。

（一）联邦咨询委员会类组织

这类组织主要以联邦咨询委员会为主，有较强的国家和政府背景，主要是从对策建议和绩效评估的角度为决策提供支持。早在 19 世纪末，联邦政府各部门中就已经出现了类似联邦咨询委员会的咨询组织，目的是向总统或各联邦政府部门提供建议。因在课题研究、决策建议、项目评审等工作中发挥的作用越来越大，咨询组织受重视程度越来越高，发展迅速。总统、联邦政府各部门以及各军种部纷纷建立了自己的咨询组织。1972 年，美国国会正式通过《联邦咨询委员会法案》，法案得到美国总统批准成为正式法律后，美国政府开始将各种各样的联邦咨询委员会纳入到统一的框架下管理。《联邦咨询委员会法案》中对"联邦咨询委员会"予以明确的规定，即咨询委员会是指为使总统或联邦政府的一个或多个行政机关或官员得到咨询建议，而由一个或多个行政机关设立或利用的任何委员会、理事会、会议、专家组、工作小组和其他类似团体，或任何其分委员会和分团体。咨询委员会不包括涉及政府间关系的咨询委员会、涉及政府采购的委员会以及成员为联邦政府全职官员或全职雇员的委员会。

总统科技顾问委员会是美国总统的科技决策咨询组织，由总统科技顾问和总统指定的一个非政府部门代表共同主持，成员主要包括美国产业界、教育界、研究院所和非政府机构的知名科学家。总统科技顾问委员会与国家科学技术委员会在科技决策方面相辅相成，国家科学技术委员会从政府角度制订符合国家目标的科技发展计划，而总统科技顾问委员会则从民间角度对此进行评述，并提供反馈意见，促使这些计划更加合理可行。

主要服务国防部的联邦咨询委员会共有 57 个，其中在人工智能领域最具有代表性的是国防科学委员会和国防创新委员会。美国国防科学委员会（DSB）是美国国防部高级咨询机构，主要负责国防科研生产与武器装备管理领域的战略性、基础性、紧迫性问题研究，不仅被视为国防部长、参联会主席等美军高官的重要智囊，而且对美国会和政府具有一定影响力。该委员会于 1956 年成立，旨在汇聚国防科研领域的高级管理人才和技术专家，研究解决国防科研中的重大技术问题，促进高新技术在武器装备中的应用。国防科学委员会主要开展重大咨询课题研究，设有短期和长期两种工作组。短期工作组是根据当前重大、紧迫性任务需要而设置的项目组。长期工作组主要围绕基础性、战略性问题开展研究。工作组一般由 1—2 名委员牵头，其他成员根据任务需要从相关单位聘请。课题成果形式有简报、研究报告、执行计划建议书等，以委员会主席名义报送主管相关事务的国防部副部长。主管国防部副部长根据任务性质和实际需要，转呈国防部长、常务副部长、参联会主席或其他相关领导参考使用。此外，军种部也建立了自己的联邦咨询委员会，分别为：陆军科学委员会、海军研究咨询委员会和空军科学咨询委员会。这些委员会积极发挥决策咨询作用，为国防部尤其是本军种的政策制定、技术发展、采办策略、绩效评估等工作提供重要支撑。

为帮助国防部提升创新能力，推动国防科技创新，美国国防部于 2016 年成立国防创新委员会（DIB），主要职责是借鉴和移植商业领域的创新举措和创新文化，结合国防部存在的问题，为国防部提供关于创新和实现创新方法的独立建议。目前，该委员会已经向国防部长研究提供了 16 项重大决策建议，其中包括军事人才资源开发、软件采办改革、人工智能应用等方面。2020 年 2 月 24 日，国防部正式公布人工智能使用道德原则。这些用于国防领域的人工智能原则就是由国防创新委员会开发，最终由国防部采纳使用。

（二）联邦政府以外的咨询组织

受美国政治结构和政治文化影响，美国政府在决策过程中非常重视具有第三方立场的外部机构的作用，智库、高校、行业协会等外部咨询组织可以超越利益束缚，在人工智能战略决策中发挥着不可替代的重要作用。比如，美国斯坦福大学于 2019 年 3 月 18 日成立人工智能研究院，致力于推动人工智能领域的跨学科合作，让科技以人为中心，并加强对人工智能社会影响的研究。该院于 2019 年 12 月发布《2019 年度人工智能指数报告》。1979 年成立的美国人工智能协会是美国人工智能领域的主要学术组织之一，旨在促进人工智能的研究和应用，提高公众对人工智能的理解，改善人工智能实践者的教学和培训，并就当前人工智能发展的重要性、潜力以及未来方向为研究规划者和资助者提供指导。

在智库、高校、行业协会等外部咨询组织中，高校主要侧重学术技术研究，行业协会主要侧重反映行业利益需求，智库作为一个开放的平台组织，可以采用多种形式吸纳大学、科研机构、行业协会等的人员，组成具有综合政策研究优势的专业组织。另外，智库的思想和建议也是政府部门启动政策议程和寻求决策方案的重要源泉，因此，从更深层次的意义来说，智库是一种近似源头的策源力量。

第二节　智库是美军人工智能发展的重要策源力量

美国不仅是世界超级大国，更是智库强国，拥有数量众多的智库，美国宾夕法尼亚大学智库和公民社会项目发布的《2019 年全球智库指数报告》显示，美国共有智库 1871 家，约占全球的四分之一。美国智库在国家安全、防务等领域具有长期跟踪的优势和深厚的积淀，开展了大量深入研究，对人工智能政策、战略与治理发挥着重要的策源作用。

一、智库的概念

智库（think tank），也称"思想库""脑库""智囊团"，有时也称"咨询公司"或"研究中心"等。与一般学术研究机构、咨询公司不同，智库是对公共政策制定有影响力的专业组织。关于智库的概念，国内外定义很多。简单地理解，智库就是想法或智慧的集合，是一种相对稳定的独立于政治体制之外的政策研究和咨询机构，主要是指由各方面专家、研究人员组成的研究团体，为决策者在处理复杂、系统问题时出谋划策，以提供最佳理论、策略、思想和方法。作为一种社会组织，智库是特指稳定的、相对独立的政策研究机构，其研究人员运用科学的研究方法对广泛的公共政策问题进行跨学科的研究，并在与政府、企业及大众密切相关的政策问题上提出咨询建议。美国兰德公司创始人弗兰克·科尔伯母认为，智库是"思想工厂"，是没有学生的大学，是有着明确目标和坚定追求，却同时无拘无束、异想天开的"头脑风暴中心"，是敢于超越一切现有智慧、敢于挑战和蔑视现有权威的"战略思想中心"。安德鲁·里奇在其著作《智库、公共政策和专家治策的政治学》中认为，智库是独立的、无利益倾向的、非营利性的组织，生产专业技能和思想，并以此来获得支持和影响政策制定。美国著名智库学者、宾夕法尼亚大学教授詹姆斯·G.麦甘主持的智库和公民社会项目《2019 年全球智库指数报告》将智库描述为："智库或公共政策研究、分析及参与机构是就一些国内外事务开展公共政策研究、分析、提出建议并协助决策者和公众作出明智的公共政策抉择的组织。"

现代意义上的智库英文"think tank"源于第二次世界大战时美国国防科学家和军事参谋讨论战略和作战计划的保密室（类似于参谋部），战后被用于称呼研究与发展部门，甚至开始被用于称呼美国军工企业中的研究与发展部，这些研究发展部中最著名的是道格拉斯飞机公司的研究发展部，即兰德公司（RAND）的前身。伴随着兰德公司、布鲁金斯学会、卡内基国际和平基金会等知名智库的兴盛，智库逐渐成为西方政治生活中人所共知的概念。智库的使命是通过新思想引领决策，常被人形容是一个国家的"智商"。作为近现代西方大国崛起过程中的一个不可或缺的特殊角色，智库已经越来越成为当今大国竞争的无形利器，并成为大国软实力的重要标志之一。

二、美国智库的主要类型

美国是现代智库的起源地。20世纪上半叶，美国为帮助解决国内矛盾和处理国际事务，先后成立一些具有官方性质的政策研究机构，如1919年成立的胡佛战争研究所、1921年成立的外交关系委员会、1927年成立的布鲁金斯学会等。第二次世界大战后，为了应对复杂的社会问题和严峻的国家安全问题，大批与政府签订研究合同的智库迅速出现，政府购买服务机制逐步形成，智库逐步走向市场化，兰德公司就是典型代表。冷战结束以后，随着世界全球化进程加速、美国政党政治体制逐步成熟，政策研究机构数量迅速增加，智库研究视野不断拓宽，研究范围覆盖政治、经济、科技、文化、军事、社会等诸多领域，逐步形成了面向国际事务、区域事务和国内事务的多层次体系，对公共政策进程的影响越来越大。

美国智库数量众多、各有特色，对这些智库进行分类存在不同的分类标准，总体看来，可从规模、隶属性质、研究领域、政策倾向等方式进行划分。按规模分类，美国智库可以划分为大型、中型、小型智库。就机构隶属性质而言，美国智库可分为民间型、政府资助型、党派隶属型和大学附属型。按研究领域分类，美国智库可分为综合性智库和专业性智库。从影响政府决策的角度看，美国智库的政治倾向划分是最重要的，可将其划分为保守派智库、中间派智库和自由派智库，或者右派（如保守派）、左派（如自由派、激进派）、中间派三种流派。

　　宾夕法尼亚大学教授詹姆斯·G.麦甘是美国著名智库学者，多年从事智库研究，他的智库分类方法具有很强的典型性和代表性。他把智库分为独立智库和隶属关系类型智库。[①] 独立智库是由公众通过私人捐款成立的独立组织，虽有时接受政府资助，但多数智库无须政府资助。独立智库组织有四种类型：研究多样化型与研究专业化型、受托／合同研究组织型、倡导型、政策企业组织型。其中，研究多样化型智库研究与分析的政策问题涵盖范围宽泛，包括但不限于经济、外交与环境，比如布鲁金斯学会、美国企业研究所、战略与国际问题研究中心等。研究专业化型智库同研究多样化型智库在许多方面类似，只是研究的领域更窄，在某一领域比研究多样化型智库更为专业，比如，国家经济研究组织、经济战略研究所等。受托／合同研究组织型智库主要为政府机构进行研究与分析，与政府机构有着紧密的工作关系，倾向于提供政策分析而不是学术研究，兰德公司、城市研究所属于这种类型的智库。倡导型智库主要是运用科学方法推动有意识形态导向的政策，着力点在营销思想而非研究，卡托研究所、政策研究所等属于这种类型智库。政策企业组织

---

　　① ［美］詹姆斯·G.麦甘：《美国智库与政策建议：学者、咨询顾问与倡导者》，肖宏宇、李楠译，北京大学出版社 2018 年版，第 15 页。

型智库主要是用企业运作的方式进行政策分析与建议，其目的是了解市场，开发产品，并将产品营销到市场，传统基金会、美国进步中心属于这种类型智库。

受托／合同研究组织型智库较为特殊，包括一些联邦资助的研发中心，比如，兰德公司。这些智库由美国政府机构长期进行资助，形成较为固定的咨询倚重机制。联邦资助研发中心起源于第二次世界大战末期。战后，美国国家安全需要保持一支较大规模的国防研究力量，目的是在政府部门需要时能够快速反应，同时其研究过程保持相对的独立性。这样的研究中心部分具有智库性质，当时大约有150个，主要集中在国防、能源和医疗卫生领域，其中70多个由国防部发起并提供资助。国防部联邦资助的研发中心一般分研发实验室、研究和分析中心、系统工程和集成中心三类，其中第二类基本以智库为主，负责在出资部门关心的核心领域提交独立和客观的分析和专业建议，支持美国政府和军方制定政策、作出决策，提出多种方案和解决途径，在重大事项上提出创新性的意见。截至2019年6月，美国防部及三军共拥有10个联邦资助的研发中心，包括兰德公司、国防分析研究所等著名智库。

隶属型智库是指管理、财务或者法律上同另一组织有关系的公共政策研究组织。这类智库可细分为四种：隶属政党型、政府资助型、私人营利型、依托大学型。其中，隶属政党型智库通常隶属于某一政党，主要工作是提出能够转化成政党政治议程的想法、政策和方案，以帮助政党参与选举或执政。政府资助型智库是政府机构的一部分，属于政府体系内的政策研究团体，在一系列议题上为行政与立法机构提供信息、分析与研究，比如，国会研究服务处。私人营利型智库组织与人员构成类似非营利智库，只是提供付费服务，如斯坦福研究所。依托大学型智库，形式上同某所大学或学院有关联，通常以社会科学研究中心或研究所的形式出现，比如斯坦福大学亚太研究中心。

三、美国智库的主要运作模式

智库作为一种特殊的社会组织，为了高效和高质量地生产智力产品，必然需要完善和规范的管理体制。在美国，大多数智库都是独立的、不以营利为目的的非营利组织，因此这些智库都可以享受到美国的免税政策。从内部管理上来看，美国智库基本上按照现代的企业管理模式进行运作，设有理事会、董事会或者监事会。比如，战略与国际问题研究中心由理事会领导，布鲁金斯学会由董事会领导，而兰德公司则由监事会进行管理。

在智库中，作为最高的领导机构，董事会、理事会或者监事会决定着智库的发展方向，一般由政界要员、成功的商业人士、媒体大亨、学术界名人、知名律师和其他社会知名人士组成，下设政策研究机构和行政管理机构。其中，政策研究机构处于核心地位，一般下设多个研究中心。研究中心内部有不同级别的研究人员——高级研究员、研究员和助理研究员。为了保证研究工作高效进行，一般都有秘书等研究辅助人员辅助研究员开展工作。行政管理系统服务于政策研究，工作内容包括资金管理、后勤服务、媒体服务、人员培训、信息资料管理和出版等。

美国智库在研究上一般采取三种不同的人员组织方式：一是专家导向型。每一名专家有自己的擅长领域，在进行某一课题或者某领域项目研究时，由擅长该领域的专家主持并为其配备助手，这些专家大都是智库中的固定员工。一般大型的智库都会采用这种方式，如布鲁金斯学会、兰德公司等。二是项目导向型。项目导向型，顾名思义就是以项目为导向招募人员研究，根据课题相对灵活地应变，通常是围绕普遍关注的问题进行研究，招募所需要的研究人员和助理，课题结束后，与研究人员合同自动结束。三是灵活组织型。灵活组织型介于专家导向型和项目导向型之间，采取固定专家、短期访问学者与临时招募助理相结合，项目结束后，合同自动结束。

资金是智库赖以生存和发展的依托，在很大程度上左右着智库的独立性和影响力。美国智库组织结构和经济来源差异巨大，一般通过政府资助、为委托人提供咨询服务、基金会或者个人的捐助、学术出版等来获得资金。即使是在收入最高的部分智库，规模存在相当大的差异。比如，兰德公司数亿美元的年收入和几千名员工的规模，让排名第二的布鲁金斯学会相形见绌。大量的小型智库，通常由十几名甚至更少雇员组成，有些年预算还不到100万美元。美国智库通过多渠道筹措资金来保持自身的独立性，强调自己的学术性。即使是研究经费主要是从政府合同中获得，智库也会对外宣称坚持自身独立性。事实上，越是影响比较大、知名度较高的智库，越有能力筹措更多的资金，也相对更容易保持自身的独立性。随着智库数量的急速增多，对有限资源的争夺使智力市场竞争日益激烈化，许多智库为了拉拢资助人往往追求在公开场合制造短期轰动效应，此举反而促使智库的专业性和独立性受到质疑。

四、美国智库的功能作用

美国智库对美国政策的影响，得到美国政界、社会及国际研究界的广泛认可。智库的思想已经渗透到决策高层，影响着美国政府的大政方针和社会生活的各个层面，成为辅助政府决策的大脑、引领社会前进的旗帜和带动学术发展的引擎。

第一，生产政策思想，辅助决策政策制定。智库的重点在于"智"，从事思想生产和决策咨询是其核心活动。美国智库在决策过程发挥着重要影响，智库通过专业知识识别政策问题，塑造公共话语权，进而影响公众；重视与决策部门保持密切关系，及时了解政策制定和实施中遇到的实际问题，提高研究工作的针对性。智库研究人员有机会担任政府部门要职，传播智库的思想和理念。智库也经常召开各种讨论会，邀请政府人士参加，及时了解政策走向，并将自身政策理念传递给政府人员。

第二，带动学术风潮，形成特色研究领域。一是形成智库专门学派。兰德公司为学术界培养和输送了一大批著名的人才，这些人才遵循兰德的理念和研究方法，学术研究独树一帜，有"兰德学派"之称，在学术领域发挥重要的影响力。二是构建学术阵地。智库注重构建开放自由的学术环境传播理念和思想，很多学术成果已在世界范围广泛应用，如理性选择理论、博弈理论、系统分析方法、规划计划预算方法等。三是开展国际学术交流。许多智库同国内外的重要机构和有影响的人士有着密切联系；在世界范围内设联络处或分支研究机构，和各国思想库、政府部门保持经常联系；日常接受大量外国官员、学者访问和学术交流。智库通过不间断地进行思想和学术交流，奠定、巩固其国际地位。

第三，培养专业人才，参与"旋转门"机制。美国智库具有人才培养功能、储备功能和交流功能，往往被认为是"没有学生的大学"。比如，布鲁金斯学会在一段时间内实际上授予了研究生学位。智库虽然不是高等教育机构，但对华盛顿的影响力甚至高于高等教育机构。智库专家往往比美国传统大学的学者更擅长讨论政策问题，其研究和培养人才的专业性值得重视。正因为在政策领域的影响力，很多退出政界的官员在智库继续"社会治理"的理想，也有很多有识之士旋转进入政界，在政策制定中发挥重要作用。

第四，引领舆论导向，塑造良好社会形象。智库把建立与媒体的良好关系作为扩大影响力的渠道之一，其研究人员借助大众媒体发表政策主张和思想理念，引发公众关注并形成公众舆论，从而间接影响美国政府的政策。许多大型智库都设立了专门的公关部，负责与全世界各大媒体的沟通和联络，有些智库甚至设立了全天 24 小时开通的"媒体热线"。通过媒体强有力的听觉和视觉效果，美国智库既可以引发公众对于某一问题的关注，也通过全民关注，形成有利于其政策被决策者采纳的公众舆论，从而间接地影响着国家决策。

五、美国智库成为美军人工智能发展的策源力量

《谁统治美国？公司富豪的胜利》作者威廉·多姆霍夫认为，智库是政策规划网络中讨论的新政策的主要来源之一。美国智库具有关注和研究防务问题的传统，随着人工智能的影响不断扩大，人工智能在军事领域的应用直接关系到国家安全，触及美国高层敏感神经，成为智库的关注热点。为美军人工智能战略发展提供思想和建议，很快成为美国众多智库的关键选择，由此智库也成为美国人工智能发展的重要策源力量。

美国智库与防务政策渊源很深。长期以来，美国智库以其所著称的科学分析、精准研判，深刻地影响着美国军事、安全等多

个领域的重大决策。美国智库与防务政策渊源很深。自 1913 年，伍德罗·威尔逊总统开启了向智库咨询的传统后，几乎历任美国总统都要借助智库的力量为美军军力发展出谋划策。一批知名智库，如布鲁金斯学会、美国外交关系委员会、兰德公司等，长期把五角大楼作为固定服务对象。1948 年成立的兰德公司最初为美国空军效力，后来才逐渐发展成一个以军事为主的综合性战略研究机构，是与美军关系最为密切的战略智库之一，无论是美国核战略形成，还是国防部重组和军事转型决策，以及朝鲜战争、越南战争期间的策略政策，都有兰德公司的参与和策划。21 世纪以来，智库在美国国家安全和防务领域的作用有增无减。"9·11"事件发生后，战略与国际问题研究中心第一时间向布什政府提出了以阿富汗为中心、发动反恐战争的建议。2014 年 8 月，当美国国防部时任副部长罗伯特·沃克在美国国防大学的演讲中，提出制定"第三次抵消战略"的想法后，兰德公司、大西洋理事会等智库闻风而动，迅速组织力量开展研究，积极为"第三次抵消战略"的出台出谋划策。近年来，随着人工智能技术的快速发展应用，人工智能对美国军事优势的影响和塑造又成为智库关注的热点主题。

人工智能及其影响涉及科技、经济、安全、法律、伦理、军事等多个方面，呈现出交叉综合的问题特征，成为新的决策治理领域。深度学习技术的"黑匣子"的复杂性带来了"可解释性"的挑战，人工智能和自动化将使更多的人失业或者更换工作，公司、部门乃至国家之间因人工智能应用程度不同而产生日益扩大的经济差距，进而影响到安全问题。人工智能的应用在自动驾驶、隐私保护、深度造假等方面形成不可避免的法律、伦理和社会问题。在军事领域，作为技术领先的美军，能否在新的科技革命浪潮中独领风骚，保持军事领先优势，面临着引入商业人工智能技术、改革采办繁琐程序、提高作战人员对人工智能的认识等一系列问题，同时自主武器使用也让战争伦理成为决策者必须关注的重大问题。这些问题与技术的发展和控制有关，也与使用者的出发点和利益有关，不仅综合交织，而且专业性强，成为美国当前社会治理的热点问题。对于美军人工智能战略发展来说，其所面临的问题与美国整个社会面临的问题紧密相关，这些问题为智库发挥影响力提供了重要契机。

智库具有综合政策问题研究的优势，以国家安全为主导的美军人工智能发展进入智库研究视野，让智库成为美军人工智能战略发展的"政策池"。开展专题研究，形成研究报告并为政策制定者提供建议，是智库安身立命之本。在人工智能领域，智库在这些基础工作之上，全面深度渗透到美军人工智能战略决策的议程设置、咨询建议、人员传带和实现、评估与优化等各流程环节，在理论研究、分析预测和呼吁等方面发挥了至关重要的推动作用，成为美军人工智能战略与政策的重要源泉。

第三节 美军人工智能发展策源
典型智库举要

2020 年 2 月，美国宾夕法尼亚大学智库与公民社会项目发布《2019 年全球智库指数报告》，首次评选全球"最佳人工智能智库"，名列前茅的年度人工智能智库主要有：纽约大学当代人工智能研究所、贝尔弗科学与国际事务中心、布鲁金斯学会、卡内基国际和平基金会、新美国安全中心、乔治敦大学安全与新兴技术中心、战略与国际问题研究中心等。美军人工智能战略发展涉及防务、科技以及人工智能等领域，根据智库在这三个方面的特色和优势，本部分仅列举新美国安全中心、战略与国际问题研究中心、兰德公司、布鲁金斯学会、战略与预算评估中心等几家对美军人工智能政策影响较大且颇具特色的智库。

一、新美国安全中心

新美国安全中心是 2007 年在华盛顿成立的一家独立、超党派、专注于国家安全研究的新型智库。该中心虽成立时间不长，规模不大，但却迅速成为当今美国内外政策的"风向标"之一。美国前常务副国务卿詹姆斯·斯坦伯格将该中心称为"华盛顿政治版图中不可或缺的一部分"。其宗旨是推动强大、务实、有原则的国家安全和防务政策的制定，维护美国的国家利益。该中心的政策研究以国家安全为重点，研究议题涵盖国防战略与评估，亚太安全，技术与国家安全，未来战争设想，战略与国家治理，中东安全，能源、经济和安全，军队、退伍军人与社会，地区和国家等九大方面，具体研究项目则集中在三十三个方向，包括亚太安全、中国研究、网络安全、外交与发展、大战略、非常规战争、海洋安全、恐怖主义等。目前，新美国安全中心是对人工智能军事影响关注最多的智库之一。

二、战略与国际问题研究中心

战略与国际问题研究中心（CSIS）是一家具有保守色彩的战略和政策研究机构，以"强硬路线者之家"和"冷战思想库"著称，在美国乃至全球战略与政策研究机构中占据重要席位。该中心最早是由美国海军退役上将阿利·伯克和保守派学者戴维·阿波希尔于1962年冷战最严重时期在华盛顿乔治城大学联合创立。其成立的初衷很简单，即为美国的国家生存和民族繁荣寻找出路。它自成立之日起一直致力于美国外交政策及国家安全问题研究，研究结果对美国政府决策的制定产生了重要影响。该中心的宗旨和目标是发挥政策影响力,致力于为政府、国际组织、私营部门和民间社会提供战略分析和政策解决方案,研究领域主要包括防御和安全、区域研究以及涵盖能源、贸易到全球发展和经济一体化等在内的全球各项跨国挑战。近些年来,战略与国际问题研究中心高度关注人工智能战略研究,发布了大量研究报告。

三、兰德公司

兰德公司是一家致力于通过研究与分析来改善政策和决策的非营利性研究机构,是美国防务智库的标杆和缩影,是美国最重要的以军事为主的综合性战略研究机构。它先以研究军事尖端科学技术和重大军事战略而著称于世,继而又扩展到内外政策各方面,逐渐发展成为一个研究政治、军事、经济科技、社会等各方面的综合性思想库,被誉为现代智囊的"大脑集中营""超级军事学院"以及世界智囊团的开创者和代言人。成立之初,兰德公司旨在为美国政府研究军事尖端科技和重大军事战略,在越来越多的科学家加入后,它将咨询工作拓展到社会政策方面,逐渐发展成为研究军事、科技和社会等诸多领域的综合性研究机构。20世纪后半叶,世界重大事件的发生几乎都有兰德公司智慧的参与和推动的影子,其系列研究成果在推动美国势力扩张方面发挥了积极和重要作用。在人工智能领域,兰德公司也开展了大量研究,其中部分是受国防部和空军委托的项目。

四、布鲁金斯学会

布鲁金斯学会是一个非营利的公共政策组织，总部设在华盛顿特区，其使命为进行深入的研究，为解决地方、国家和全球层面的社会问题提供新的思路。在宾夕法尼亚大学全球顶尖智库排名《全球智库指数报告》的综合性研究排名中，布鲁金斯学会连续三年位居首位，其中在科技创新政策研究分类排名中连续三年保持在世界前50名，被业界称为"世界第一智库"。布鲁金斯学会汇集了来自世界各地的300多名政府和学术界的顶尖专家，他们综合社会各方不同的观点，就各种公共政策问题提供高质量的研究、政策建议和分析。布鲁金斯学会现设有15个研究中心，共围绕5个领域展开研究，包括经济研究、全球经济与发展、对外政策、治理研究和城市政策研究。作为一家大型智库，布鲁金斯学会对人工智能极为关注。

五、战略与预算评估中心

战略与预算评估中心 (CSBA) 是美国一家独立的非营利公共政策研究机构，成立于1983年，其创立者是美国净评估办公室主任、号称"尤达大师"的安德鲁·马歇尔的学生安德鲁·克雷皮内维奇陆军中校，在净评估、战略研究领域具有极大话语权和影响力。该中心长期以来一直专注于未来国防、国防预算数据及分析，是一个在该领域开展独立、开创性研究的主要思想库。其使命是促进创新思维以及探讨国家安全战略、国防规划和21世纪军事投资选择，其目标是使政策制定者在战略、安全政策和资源分配问题上作出明智的决定，服务对象包括行政和立法部门的高级决策者以及媒体和更广泛的国家安全机构，为其提供及时、公正和有见地的分析。战略与预算评估中心积极广泛地参与国家安全战略和政策的制定以及稀缺人力和资本资源的配置，其分析和业务扩展重点放在与美国国家安全相关的现有和新兴威胁方面。战略与预算评估中心在人工智能与战争方面发布了大量研究报告。

第四章　美军人工智能战略发展的议题设置与智库推动

　　人工智能技术在国家政治、经济、军事等领域的应用潜力巨大，同时也对国家安全产生了强烈冲击。作为国家安全问题的瞭望者，兰德公司、新美国安全中心、布鲁金斯学会等知名智库凭借其专业的研究实力，能够敏锐地捕捉、识别人工智能技术潜在的问题，并利用报纸、书籍和杂志等大众传媒以及研讨会、论坛等交流平台，积极推动相关问题的孕育与发酵，在全社会形成强势舆论，促使政府决策者投入更多注意力并将相关议题纳入政策议程。

第一节　议题设置与智库推动

社会公共问题转化为政策问题是一个复杂多变的过程，包括问题的识别与扩散、进入决策者视野、列入决策议程等环节。从问题识别开始，智库的影响力渗透其中，在推动公共政策议题设置方面发挥着重要作用。

一、智库参与：问题识别与扩散

问题识别是政策制定过程的起点，指某一社会现象或问题引起社会各界广泛关注的过程。许多美国政策研究学者对此非常重视，著名政治学家约翰·金登认为，人们每天都在经历各种各样的状况，当多数人认为应该就一些状况采取行动时，这些状况就可以被界定为问题。在美国政策制定过程中，问题的显著性和重要性需要指标来进行衡量，这些指标就是对问题的抽象、量化和解释，比如公路死亡人数、发病率等。通常，问题引起政府决策者关注，并不是因为某种政治压力或对大众诉求的重视，而是因为某些指标表明问题本身就存在。决策者常常会利用相应的指标来评估问题的重要性，并根据指标的变化判断问题的走向。[①] 根据指标来识别和界定问题通常需要一定的专业知识，智库拥有专业的政策分析人才，可以利用大量社会问题数据，从政策角度提取问题指标，然后进行专业分析，是除政府内部的政策分析机构外，能够有效识别和界定决策问题的典型代表。

问题扩散是社会问题转化为政策问题的重要条件。在这个过程中，智库与媒体、社会大众的互动非常重要。智库一般设有专业的媒体部门，并与外部传媒机构保持长期合作关系，在识别社会问题、确定研究主题后，除邀请政府决策者、政策研究者参与分析讨论外，还非常注重利用各类媒体影响公众，由此引导舆论的走势和强度，为公共政策讨论奠定基础。例如，2008 年底，美国进步中心发表《2009 年核态势研究报告》，列出了奥巴马政府在政府过渡阶段、就职 100 天内和第一年中，针对核态势调整和核力量发展应开展的工作。该报告被《纽约时报》、美联社、有线电视新闻网（CNN）等美国主流媒体广泛转载，社会各界一致认为该报告有望对奥巴马政府的核战略调整和核力量发展产生重大影响，将成为政府打造"新核力量"的指南。美国进步中心使得社会公众对原本陌生的问题有了深刻的理解，成功借助媒体塑造了

---

① ［美］约翰·金登：《议程、备选方案与公共政策》，丁煌、方兴译，中国人民大学出版社 2004 年版，第 85—87 页。

公众舆论。[1]

二、触发机制：问题纳入政策视野

公共政策的产生，源于社会问题累积到了政府必须采取行动的程度，这中间往往需要一个触发机制，即一种促使政府部门下决心制定政策的关键因素。"如果一种进步或一种行动引起公众的明显关注和对变革的普遍要求，那么它就被认为是一种触发机制。"触发机制是公共政策的催化剂，任何社会问题被纳入政策视野、进入政策议程，均离不开触发机制。

触发机制主要源于范围、强度和触发时间的相互作用，这三个因素共同构成要求政治变化的核心因素。[2] 其中，范围是指受到触发机制影响的人员数量，社会大部分人都关注的问题更容易进入决策者的视野；强度是指社会公众对问题反应的强烈程度，易引发人们强烈担忧或愤怒的问题，更容易引起决策者的重视；触发时间是指社会问题发生的时间段，如有些问题瞬间广为人知，有些则需要经历一段酝酿过程。范围、强度和触发时间结合在一起，形成触发机制并对公共政策过程产生影响，促使其发生

---

① 王莉丽：《旋转门：美国思想库研究》，国家行政学院出版社 2010 年版，第 91 页。

② ［美］拉雷·N. 格斯顿：《公共政策的制定——程序和原理》，朱之文译，重庆出版社 2001 年版，第 24 页。

变化。一般而言，社会问题发生作用的范围越广、强度越大、时机越成熟，政府部门制定相关政策的可能性就越大。

触发机制主要包括内部触发机制和外部触发机制两种类型。内部触发机制产生于内部（国内）环境，包括自然灾祸、经济灾难、技术突破、生态迁移和社会变迁等，是公共政策产生或发生改变的源头。这里重点介绍技术突破因素，"技术为社会提供了源源不断的变化源泉，通常具有深刻的反响。技术发展的结果可以实实在在地改变个人之间、公司之间，甚至国家之间的关系"。[①] 从信息技术到互联网，从机器学习到智能社会，技术突破引发了众多社会问题，包括现在广受关注的自动驾驶汽车所产生的交通安全法律问题、自主武器所产生的战争伦理政策问题等。外部触发机制产生于外部（国外）环境，包括战争行动、间接冲突、经济对抗和军备增长等。20世纪以来，随着现代技术的快速发展，国与国之间的交往越来越密切，从外交拓展至商业、技术、军事等领域。紧密的外交关系赋予外部事件对国内公共政策的触发机制作用，在一定程度上促使公共议程中相关议题的产生。以国际恐怖活动为例，美国领导人向来无视发生在他国的恐怖活动，很多美国民众也认为这些问题与美国无关。直到1993年，宗教极端分子在纽约国际贸易中心制造爆炸案，美国才改变

---

① ［美］拉雷·N.格斯顿：《公共政策的制定——程序和原理》，朱之文译，重庆出版社2001年版，第24页。

了态度。2001 年"9·11"事件后，美国对恐怖分子恨之入骨，随后发动长达数年的反恐战争，制定了扩大监视范围、限制公民自由等政策举措。

触发机制的重要程度与其产生的影响有关。如果社会能以自然或正常的态度接受或处理剧变，则触发机制的影响较小。但如果触发机制成为社会压力的催化剂，引发人们对出台新公共政策或改变现有公共政策的广泛诉求，那么问题触发机制的作用则是巨大的。触发事件的产生及对公共政策的影响难以预料，可使问题在公共议程中显现出来，是公共政策制定过程中的决定性前兆。

三、议题设置：自下而上和自上而下

决定哪些问题成为政策问题，甚至比找到这些问题的解决办法更为重要。[①] 按照美国公共政策学者托马斯·R.戴伊的观点，政策制定模型一般有自下而上的大众驱动型和自上而下的精英驱动型。前者又被称为"民主—多元主义"政策模型，由多元行为主体通过民主的方式推动政府回应的过程，强调公共舆论对政策的影响；后者认为，政策议程设定的决定权掌握在精英集团手中，如银行家、企业家、律师、媒体大亨、基金会和

---

① [美] 托马斯·R.戴伊：《理解公共政策》，谢明译，中国人民大学出版社 2011 年版，第 28 页。

智库代理人等，当精英集团的思想通过不同途径传达到各种基金会、智库以及政策策划组之后，政策议程得以确定，政策制定过程由此开始。

智库在这两种政策制定模式中均发挥着重要作用。一方面，智库自身可以识别公共问题，并借助大众传媒进行发酵、酝酿和扩散，引发公众普遍关注和共同讨论，不断对决策者施压，促使其将公共问题转化为政策议题；另一方面，智库的重要成员属于或靠近精英集团，而且很多专家是"旋转门"的常客，与政府部门联系紧密，可通过专业能力让公共政策问题成为政策话题。庞大的精英群体、人脉关系和政策圈子，为智库将其观察判断的社会问题转化为政策问题并纳入政策议程提供了极大的便利。

第二节　智库借助大众传媒推动议题设置

如前所述，社会问题联系范围越大、涵盖的公众成员越多、触发机制的作用越明显，就越有利于政策问题进入政策议程。大众传媒是自下而上的大众驱动型政策议题设置的重要推手，美国智库通过大众传媒推动政策议题设置的逻辑是：智库借助大众传媒推动社会问题进入公众视野，唤起公众对某一问题的极大关注和热烈讨论，影响、引导并形成公众舆论，最终进入决策者视野形成政策议题。

一、作用机理：智库与媒体充分互动

议题设置是大众传媒的重要社会功能，作为一种理论假设，最早见于 1972 年美国传播学家马克斯韦尔·麦库姆斯和唐纳德·肖在《舆论季刊》上发表的论文《大众传播的议题设置功能》。该论文通过实证研究发现，公众对社会事务重要性的认知与媒体的报道之间存在高度对应关系，即被媒体作为"大事"反复报道的问题，也会被公众定义为"大事"；传播媒介给予的强调越高，公众对问题的重视程度越高，从而影响人们对事件的判断，实现对公众舆论的影响和引导。

美国智库是议题设置理论的积极实践者，擅长利用新闻传媒的力量影响社会舆论、发挥自身影响力。美国卡内基国际和平研究院专家认为，智库的研究成果一旦引起大众传媒的注意，就会引起全社会和决策者的注意，形成强大的舆论力量。加拿大知名智库学者唐纳德·阿尔贝森对此具有相同的看法，认为相较于出席国会听证会或者出版研究报告，在福克斯、CNN 发表电视评论或在《纽约时报》发表文章，能产生更大范围的影响力和关注度。

智库与媒体的互动交流是各取所需、合作共赢的过程。从媒体的角度来看，美国大众传媒核心特点是私有化、商业化，若想维持生存和发展，必须具有获取高额利润的能力和竞争力。在经济利益的驱动下，媒体必须为受众提供权威、可靠、快捷的信息，以保持读者、观众和听众的数量，吸引更多的广告商客户。此外，媒体不具备对重大事件或政策进行深度解读、独立分析的能力，在向公众进行新闻报道和评论时，需要借助智库的政策主张和思想观点，对智库的成果具有很强的依赖性。[①] 从智库的角度来看，作为专业的咨询研究机构，智库汇集了各个领域和行业的精英翘楚，对于社会问题、公共政策有着独到的见解和判断，所倡导的观点很容易获得大众信任，在政策研究以及思想传播方面拥有重要地位，能够保证舆论传播的信誉度和科学性。在信息化、网络化快速发展的今天，站在科技发展前沿的智库无疑会充分与媒体合作交流，借助媒体的议程设置功能影响公众舆论，从而将自身关注的问题摆到显眼的位置。

二、互动形式：多种媒体渠道高度结合

智库对公众舆论的影响主要是通过大众传媒来实现的，二者的互动形式呈现出多样化特征，主要包括纸质媒体、电子媒体、

---

① 朱旭峰：《美国思想库对社会思潮的影响》，《现代国际关系》2002 年第 8 期。

网络媒体等。

（一）纸质媒体

纸质媒体，顾名思义，是指以纸张为载体传播信息的媒体，具有持久性的特点，产生的舆论影响力可以跨越时空，把舆论无限延续下去。美国智库的纸质媒体主要包括著作、报告、刊物等。其中，著作主要是对政策问题进行系统全面的论述，着眼于长期的、宏观的影响力。例如，2018年4月，新美国安全中心的保罗·夏尔出版《无人军队：自主武器与未来战争》一书，系统研究了自主武器应用对作战样式、作战规则、战争伦理、军备竞赛与军备控制等的新挑战，被比尔·盖茨奉为2018年度最受欢迎的五本书之一，在亚马逊军事类书籍的销量中名列榜首，并荣获2019年度美国"威廉·科尔比奖"，影响力可见一斑。报告是智库传播思想、观点最常见的载体，相较于著作，报告的生产时间较短，篇幅也不长，可以就当前某一专门问题进行郑重讨论、形成报告并及时推出，还可借助媒体起到广而告之的作用。[①] 智库也出版自己的期刊或杂志。例如，对外关系委员会的《外交》、布鲁金斯学会的《布鲁金斯评论》、卡内基国际和平基金会的《外交政策》等，都是智库定期出版、宣传思想的重要刊物，这些老牌智库创办的刊物大都经过历史积淀，颇为显赫，在世界范

---

① 任晓:《第五种权力论智库》，北京大学出版社2015年版，第159—163页。

围内有着广泛的影响力。

除借助自身纸质媒体传播成果外，美国智库还会在主流报纸、杂志上发表文章、简报、评论等。《纽约时报》《华盛顿邮报》《华尔街日报》等各大报刊上，均有知名智库专家开设的政策解读专栏。社会公众通过这些主流媒体的信息传播，可更深入地了解智库的研究领域、研究重点和政策倾向等，智库的舆论影响获得更大范围的扩散。

（二）电子媒体

电子媒体主要是指通过一定的电子手段来传播信息的媒体，例如电视、广播、电台等。智库学者借助电子媒体，面向社会公众分析当前政治局势，解读国内、国际问题，阐述自己的观点，客观上起到了影响舆论、引导舆论方向的作用。各大智库积极鼓励自己的学者接受广播电台、电视媒体的采访，有些智库还将研究员的媒体曝光率作为重要的评价参考指标。

（三）网络媒体

近些年来，网络媒体因其信息传播的快捷性、互动性和全球性等优势，成为美国智库传播战略思想的重要一环。目前，几乎所有的美国智库都有自己的官方网站，用于全方位展示自身影响力。在网站上，大众既可以下载阅读智库的政策报告、成果简报，也可以收听、收看智库举办的会议，以及专家学者在各大媒体上接受访问的音频或视频，获取智库最新的动态信息。此外，随着移动智能的发展，手机已成为人们获取信息最主要的工具。为更好地吸引年轻一代的关注，智库开始利用脸书、推特、YouTube 等新型社交媒体渠道传播思想。例如，布鲁金斯学会开通了脸书、推特、播客、YouTube 等社交媒体平台账户，发行了能够在苹果 iOS、黑莓 OS、安卓和塞班四大操作系统上运行的应用程序。[①]

19 世纪的报纸、杂志，20 世纪的广播、电视等，以及 21 世纪迅速发展的互联网及多种传播技术的组合，重新定义了大众传媒，为智库销售思想理念提供了全新渠道和思路，增强了其在政策过程中议程设置的作用。

三、典型智库：新美国安全中心

与外交政策、医疗保健等领域一样，公众舆论能够有效推动人工智能战略议题设置。近些年，美国智库纷纷设立人工智能专项研究项目，并借助各种传媒手段广泛传播其研究成果，以加强宣传引导，营造有利的舆论氛围，从而促进人工智能战略议题设置，新美国安全中心便是其中的典型代表。

---

① 黄振威:《国外智库研究要览》，中共中央党校出版社 2017 年版，第 84 页。

新美国安全中心成立于 2007 年，是当今美国人工智能政策研究的"风向标"之一。其在美国宾夕法尼亚大学智库与公民社会项目组发布的《2019 年全球智库指数报告》中，入围全球"最佳人工智能智库"，是影响美国人工智能政策决策的重要力量。该智库在影响公共政策方面同样表现优异（见表 4-1），能够充分借助互联网、媒体、社交网络等传播形式扩大自身的社会影响。

表 4-1　2011—2019 年新美国安全中心在《全球智库指数报告》中部分领域的排名情况

单位：名

	排　名								
	2011	2012	2013	2014	2015	2016	2017	2018	2019
美国智库	22	14	14	14	13	15	15	12	14
对公共政策影响最大智库	35	25	32	16	16	17	20	21	20
最佳外交关系/公共参与智库	–	20	38	38	38	25	28	28	28
最佳利用互联网智库	19	18	20	19	15	14	14	14	14
最佳利用媒体智库（纸媒/电子媒体）	23	21	23	18	16	17	21	22	22
最佳利用社交网络智库	–	–	24	25	26	27	27	28	28
最佳智库会议	–	–	–	34	34	40	41	26	26

注："最佳利用社交网络智库""最佳智库会议"于 2013 年设立。"–"表示未掌握排名情况。

（一）设置人工智能专项产出研究成果

2017 年 7 月，新美国安全中心启动"人工智能和全球安全"项目，旨在分析人工智能对政治、经济、外交、军事等领域的影响，为决策者提供专业分析及应对未来变化的建议。自成立至今，人工智能和全球安全项目工作组共发布《人工智能时代的战略竞争》《战场奇点：人工智能、军事变革与中国未来军事力量》《人工智能：决策者须知》《人工智能与国家安全》《理解中国的人工智能战略》《美国人工智能世纪：行动蓝图》等深度研究报告 7 篇，均在网站公开发布，公众可免费获取。

新美国安全中心的研究内容专一精深、注重细节且侧重点明确，具有自己的研究主线，沿着既定方向做深做实，不会被热点左右和干扰。例如，艾尔莎·卡尼亚专注于中国军事创新和新兴技术发展的研究，其博士毕业于哈佛大学，毕业论文即从历史和比较的角度审视中国的军事创新，之后一直在该领域开展研究，深度耕耘，先后发布《战争奇点：人工智能、军事变革与中国未来军事力量》《中国在人工智能领域的军事创新》等主题鲜明的研究报告，对美国军方、联邦政府和社会舆论等均产生了重要影响。艾尔莎还多次受邀到众议院情报委员会、美中经济与安全审查委员会等作证，分析中美人工智能领域的竞争现状并提供对策建议，引起美国国内和国际媒体的广泛关注。其对中国军事力量发展的观点较为激进，是"中国军事威胁论"舆论氛围潜在的幕后推手之一，在一定程度上推动了美国政府和军方制定政策和措施应对中国国力和军力的崛起。

人工智能和全球安全项目所提供的信息和建议，得到了美国领导人的积极响应，许多已被采纳。例如，2019 年 12 月发布

的《美国人工智能世纪：行动蓝图》报告，建议完善半导体生产
设备多边出口管制机制，限制半导体生产设备向中国扩散。2020
年 4 月，美国宣布最新出口管制措施，最剧烈的部分便是限制美
国设备供应商对中国半导体企业的供货。报告的建议与美国实施
的出口管制措施基本吻合，表明该中心的政策建议合理、目标明
确、可操作性强，在美国政府人工智能政策决策和战略制定中发
挥着重要的作用。正如美国防部前副部长罗伯特·沃克评价《美
国人工智能世纪：行动蓝图》时所言，"新美国安全中心的报告
通常只有几十页，没有浮华赘余的文字，但却是能真正帮助美国
赢得人工智能技术竞赛的行动蓝图"。

（二）利用全媒体渠道扩大舆论影响

　　智库的舆论影响力并非仅仅是出版多少专著或产出多少报
告，还在于有效地利用各种媒体，既要在主流媒体上经常有自己
的新闻与声音，又要充分利用官方网站、推特、脸书等全媒体渠
道，构筑全方位、立体式传播平台以扩大舆论影响。

　　新美国安全中心是《纽约日报》、《华盛顿邮报》、《华尔
街日报》、美国全国广播公司（NBC）、美国全国公共广播电台
（NPR）等媒体常规的信息来源，其最新学术观点、研究成果和
政策主张会第一时间刊登在这些主流媒体上，且许多专家都是这
些媒体的专栏作家，可有效地增加自身曝光率，塑造公众舆论和
政策议程。例如，保罗·夏尔常在《时代》《政治》《国家利益》

等杂志上发表文章、评论，如《避免人工智能军备竞赛》《美国尚未做好迎接人工智能的准备》等；艾尔莎·卡尼亚的文章和评论广泛发布于《外交事务》《外交政策》《防务 1 号》《战略家》等杂志上，比较有影响力的文章包括《大国必须就人工智能展开对话》等，其观点也常被《纽约时报》《华盛顿邮报》《华尔街日报》等媒体援引；蒂姆·黄被《福布斯》杂志称为"互联网上最忙的人"，作品常刊发于《纽约时报》《华盛顿邮报》《大西洋月刊》《华尔街日报》上。

人工智能和国家安全项目组成员还积极接受媒体的采访和报道。例如，罗伯特·沃克就是媒体积极报道的对象，有人这样形容沃克："在国家和国防领域，没有人比沃克更积极地倡导人工智能。"一个有过政府机构工作经历的人，往往较之高学历研究人员对政策问题有着更为深刻的洞察力。作为美国防部前常务副部长和"第三次抵消战略"发起人，罗伯特·沃克对政府政策和行为有着比较深入的了解，加之已不在官位，比较容易采访，成为媒体获取权威性信息的重要途径。再如，保罗·夏尔、米歇尔·弗卢努瓦等颇具影响力的研究专家，也频繁出现在美国有线电视新闻网、福克斯新闻、英国广播公司等国内和国际媒体上，积极向公众推销智库观念、传递智库思想，形成了广泛的社会影响力。

除传统媒体外，新美国安全中心还借助互联网建立起庞大的自媒体网络，形成以官方网站为核心，辐射状、多维度的网络传播平台。一方面，新美国安全中心开发了用户喜爱的官方网站，向访问者免费提供详尽的基础资料、背景材料及研究成果等，设置专栏系统地介绍专家成员在媒体露面、国会作证、发表报告等情况；另一方面，新美国安全中心建设和打造了推特、脸书、播客、YouTube、SoundCloud、Flichr 等新兴自媒体传播渠道，且与官网具有很好的沟通机制，在官网上有相应自媒体的图标，可一键链接和转发，实现对自身研究成果的二次推广。

权威的研究成果是新美国安全中心引导社会舆论、影响议题设置的重要基础和前提。新美国安全中心依靠专业的研究团队不断产出高质量的研究成果，并充分利用大众传媒的议题设置功能进行传播和扩散，有效地实现了自下而上的大众驱动型政策议题设置，大幅提升了其在人工智能政策制定中的影响力。

第三节　智库通过高热度研讨推动战略议题设置

智库经常围绕特定的研究领域或热点议题，邀请政府现任或前任高级官员、国会议员、军方代表、媒体记者等社会精英群体，开展政策议题研讨活动，如研讨会、圆桌会议、论坛、峰会等，为社会各界人士提供深入讨论问题、宣传思想、互通信息、交流意见的平台。通过这些研讨活动，智库可直接将自身的政策理念传递给与会的政府官员、决策人员等，推动战略议题进入政策议程。举例来说，布鲁金斯学会全年几乎每个工作日都有研讨会或活动；战略与国际问题研究中心每年都会举办 700 次以上的会议。

在人工智能战略议题设置上，各大智库除启动人工智能专项开展研究、借助媒体宣传推广外，也会定期举办各种会议就相关问题进行探讨、交流，会议形式根据会议目的、参加对象不同而有所区别，比较常见的形式有圆桌会议、研讨会、论坛和峰会等。

智库经常就自身观察到的人工智能问题或现有的政策问题组织圆桌会议，这种讨论规模较小，互动性强，最能反映智库的立场和声音。例如，2019 年 2 月，美国官方发布了《美国人工智能倡议》并公布了 2018 年制定的《国防部人工智能战略》概要内容，新美国安全中心随即组织专家开展内部研讨，分别对两份文件开展评估。罗伯特·沃克、保罗·夏尔等人工智能专家参与讨论，认为这两份文件代表了国家层面对人工智能技术的关注，是对中国努力成为世界人工智能超级大国的有力回应，建议联邦政府继续增加对人工智能研究的资助，并广泛联合工业界、学术界、私营部门，以确保美国人工智能的全球领导地位。再如，2020 年 1 月，新美国安全中心举办主题为"美国人工智能战略"

的小组讨论会兼《美国人工智能世纪：行动蓝图》报告发布会，小组成员罗伯特·沃克、保罗·夏尔等7名专家参与。会上，罗伯特·沃克发表演讲，分析了人工智能现状和美国面临的形势等；《美国人工智能世纪：行动蓝图》作者团队对报告提出的25项建议进行深度解读。研讨会还设置自由讨论环节，美国副首席技术官兼白宫科学技术政策办公室人工智能副主任林恩·帕克、美国国家安全委员会研究与分析主任奥利维亚·泽特等参与讨论，与新美国安全中心专家就《美国人工智能世纪：行动蓝图》的建议进行了充分研讨，同时传递了政府的最新工作动向。林恩·帕克给予该报告高度肯定，认为"其建议与政府部门需要开展的工作存在着巨大的协同作用"。奥利维亚·泽特也认为，新美国安全中心的报告与美国人工智能计划、国家安全委员会重点关注的投资领域实现了高度统一。

　　智库还会定期邀请高层官员、政府决策者等发表演讲、开展研讨并进行政策解读，在这个过程中，智库扮演了"召集人"的角色，可借此提升自身知名度。2020年7月，美国人工智能国家安全委员会就如何维持人工智能霸权这一问题，向国会和行政部门提交了第二季度报告，围绕人工智能的投资、应用、培训、技术保护、合作、伦理规范等6个方面，对立法部门和行政部门提出了35条建议，例如建立公私合作关系、创建美国数字服务学院免费培养人工智能人才、创建国家预备数字军团和为人工智能技术专家创造为政府服务的兼职机会等。一周后，布鲁金斯学会即举行了一场以"重新定位人工智能时代的国家安全"为主题的网络研讨会，邀请人工智能国家安全委员会主席埃里克·施密特及副主席罗伯特·沃克参与，对第二季度报告的相关建议进行分析解读，并回答了来自布鲁金斯学会、媒体和公众的问题。由于研讨会对媒体和公众开放，在高热度探讨的基础上，还形成了一定的舆论影响，起到了教育、启迪公众的作用。值得一提的是，人工智能国家安全委员会根据《2019 财年国防授权法案》创建，旨在审查人工智能国家安全形势，确定政策以保持美国在人工智能研究方面的领先地位，推进人工智能使用规则和伦理规范等。该委员会的建议可对美国政府甚至世界人工智能局势产生直接影响。

智库还定期举办开放式论坛、峰会等，规模相对较大、会议主题更加广泛，影响力也更大。在这些论坛上，一般会有国会成员、高级官员、学术专家和其他权威部门的成员参加。例如，2017 年 11 月，新美国安全中心举办了人工智能和全球安全峰会，探讨了人工智能现状及人工智能革命对全球安全的影响，认为美国必须预见人工智能所带来的各种变革，并抓住一切机会领先于竞争对手。峰会聚集了人工智能、机器学习、人机协作和安全策略方面的研究人员、技术专家、高层决策者等。19 位人工智能领域的专家发表主题演讲，议题范围广泛，涉及人工智能现状与未来、人工智能安全和网络安全、人类与人工智能系统的关系、人工智能政策等，最终形成了 16 份会议报告和视频，均公开发布于新美国安全中心的官方网站。再如，2019年9月，乔治敦大学安全研究中心、安全与新兴技术中心联合组织了2019年乔治·卡拉里斯情报会议，十多位演讲者就人工智能与国家安全发表演讲。美国国家情报前副总监休·戈登演讲主题为"人工智能为何重要"，解释了人工智能如何识别大量数据中的已知目标，扩展美国情报机构的能力；国防部联合人工智能中心负责人杰克·沙纳汉对比分析了美国与其他国家在人工智能等新兴技术发展方面的伦理态度，认为与其他国家不同，美国所做的人工智能研究是透明且公开的。此外，来自乔治敦大学安全与新兴技术中心、宾夕法尼亚大学、国防部等机构的专家就人工智能领域的国际合作与竞争、人工智能公司是否应与政府合作等议题展开广泛讨论。与会人员一致认为：国家和国际安全越来越依赖人工智能，但如果美国不与盟国合作并针对人工智能开展明智的投资，美国国家安全将会受到损害；为了提高美国政府的人工智能能力，政府应该与私营部门和学术界建立合作伙伴关系。

除上述形式外，智库还会围绕某一议题开展系列研讨会，进行反复讨论、持续辩论并产出报告，引导决策者、公众等的注意力和意见倾向，逐渐形成某个智库的、进而是美国的话语权。例如，2017年5—6月，兰德公司召开了3场研讨会，集众多人工智能与核安全领域专家、政府官员、行业从业者于一堂，共同探讨人工智能在未来25年对核安全的潜在影响。其中，第一场研讨会于 2017 年 5 月 1 日在兰德公司莫尼卡总部举行，共 16 位核领域及人工智能领域专家参与，讨论围绕俄罗斯复兴、中国崛起、区域核战争等具体场景展开，设想核武器与人工智能系统互动的可能情景，旨在研判核大国可能感兴趣的人工智能系统。第二场研讨会于 2017 年 5 月 25 日于旧金山举行，共有商业界、学术界和非营利人工智能研究机构的知名人士、政策圈成员、国家实验室的核武器专家等 19 位专家出席，讨论了以下三个问题：一是人工智能是否能够跟踪或监视敌方力量；二是如何在决策支持系统中使用人工智能技术；三是如何根据核武器控制的经验控制人工智能。第三场研讨会于 2017 年 6 月 9 日在兰德公司弗吉尼亚州阿灵顿分公司举行，共有 15 人参与，包括兰德公司研究员，美国军方、国防部长办公室和国务院军备控制、核查和合规局的代表。本次研讨会基于第一、二场研讨会的成果，旨在咨询与会的政策研究人员如何应对前两场研讨会提出的挑战。会议围绕三个问题展开讨论：一是如何挫败敌方利用人工智能削弱战略力量的意图；二是在人工智能可重塑战略格局的前提下，美国是否需要重新考虑其核力量现代化的路径；三是人工智能如何协助军备控制。研讨会参与者普遍认同，人工智能有很大潜力破坏核战略的稳定性，加大核战争风险，在日趋多极化的战略环境中尤为如此。

无论是圆桌会议、研讨会还是论坛、峰会，智库会议大都以专业的方式进行，或者经过专业的包装，更接地气、更具说服力，可产生以下作用：一是活动现场一般都会进行直播或邀请媒体记者参与，将成果及时传播出去，有助于就某一问题形成舆论氛围，增加舆论影响力；二是智库通过会议现场与官员、学者进行交流和探讨，可使不同的观点在此汇集、沟通、发酵，形成更完备的、更具主导性的建议；三是智库可宣传本机构的政策主张，将自己的政策理念传递给相关决策人员，直接影响政策议程。[①]

第四节　人工智能战略议题形成与设置

人工智能现已成为各国竞争角逐的焦点，世界主要国家积极制定国家顶层战略、加紧人工智能军事化应用，科技巨头抢滩布局、初创企业数量和资本投入密度空前增加，人工智能的竞争日趋白热化。作为全球科技霸主的美国，积极抢占人工智能这一科技制高点，在外部压力、内部动力的双重驱动下，人工智能相关战略议题纷纷浮出水面，进入政策决策者视野。

---

① 王莉丽：《论美国思想库的舆论传播》，《现代传播》2010 年第 2 期。

一、大国角逐：战略议题的外部触发机制

俄罗斯总统普京曾表示："人工智能不仅是俄罗斯的未来，也是全人类的未来。"[①] 普京的观点表明，人工智能的进步对未来至关重要。人工智能技术在经济对抗、军备竞赛中表现出巨大潜力，以美国、俄罗斯、英国、德国、法国为代表的世界主要国家大力发展人工智能技术，人工智能已上升为国家层面的激烈博弈。

（一）全球人工智能竞争态势激烈

世界经济论坛主席克劳斯·施瓦布称，人工智能技术是第四次工业革命的关键要素。与蒸汽机、电力、信息技术一样，人工智能具有足够广泛的技术辐射效应，可对国家和企业积累资本的能力以及劳动力结构产生深刻影响，为全球经济发展提供强劲的新引擎。

多家权威机构对人工智能的经济效应进行了预测。例如，埃森哲研究公司和前沿经济学公司基于对 12 个发达国家的研究预测，到 2035 年，人工智能可以"使年经济增长率翻番"，同时还可使劳动生产率提高 40%；麦肯锡全球研究所预测，到 2030 年，

[①] James Vincent, "Putin Says the Nation That Leads in AI 'Will Be the Ruler of the World,'" Verge, 2017 年 9 月 4 日, 见 https://www.theverge.com/2017/9/4/16251226/russia-ai-putin-rule-the-world。

人工智能可能会为全球经济带来 13 万亿美元的 GDP 增长，平均每年推动 GDP 增长约 1.2%，足以比肩历史上蒸汽机、工业机器人、信息技术等通用技术带来的变革性影响；普华永道国际会计事务所预计，到 2030 年，人工智能技术所带来的全球 GDP 增长将高达 15.7 万亿美元（增幅近 14%）。这些机构估计值虽各不相同，但都预测全球人工智能技术的发展将带来巨大的经济增长。毋庸置疑，人工智能将扩大国家之间的发展差距。

为应对人工智能对世界格局的强烈冲击，世界主要国家纷纷借助自身优势积极布局，制定人工智能战略和政策，不遗余力地推动人工智能发展，寻求最大限度地增加人工智能对经济和社会的诸多好处。[①]

英国是人工智能技术发展的前沿阵地，注重人工智能领域的基础研究，并持续在政策、教育、国际合作等方面发力，现已培育出 DeepMind、Babylon Health 等领先的人工智能科技公司。2016 年 10 月，英国下议院科学和技术委员会发布《机器人技术和人工智能》报告，探讨英国应如何充分利用自身优势，把握发展机遇、应对人工智能带来的各种问题。之后，英国政府陆续发布《人工智能：未来决策的机会与影响》《在英国发展人工智能》《人工智能行业新政》《产业战略：人工智能领域行动》等战略文

---

① 国务院发展研究中心国际技术经济研究所、中国电子学会、智慧芽：《人工智能全球格局：未来趋势与中国位势》，中国人民大学出版社 2019 年版，第 93—125 页。

件，速度快、节奏紧凑且面面俱到，彰显出英国对引领人工智能未来发展的雄心和期待。

德国是老牌工业强国，拥有高效的科研格局以及稳固的经济结构。依托工业 4.0 计划，德国人工智能技术的发展厚积薄发，不断实现新的突破。2018 年 7 月，德国联邦政府发布《人工智能战略要点》，提出加大对人工智能重点领域的投资力度、深化与其他国家合作关系等，以推动德国成为全球领先的人工智能研发中心。2018 年 11 月，德国联邦政府通过了《人工智能战略》，正式将人工智能提升至国家战略高度，并提出三个目标：一是将德国和欧洲打造成人工智能的领先基地；二是合理及负责任地开发和使用人工智能；三是在伦理、法律、文化和制度等多个方面加强社会对话与引导。根据该战略，德国政府将在 2025 年前拨款 30 亿欧元支持人工智能的研究和产业升级。

法国在航空航天、汽车工业、高端制造业等领域底蕴雄厚，具有良好的人工智能技术研发环境，吸引了大批人工智能方面的国际投资者，部分大型互联网企业已在巴黎设置人工智能研发中心。2017 年 3 月，法国政府发布《国家人工智能战略》，提出了加大公私合作、培养领军企业等五十余项建议，为法国发展人工智能技术提供战略指导。2018 年 3 月，法国总统马克龙公布《人工智能发展战略》，强调结合医疗、能源等优势行业发展人工智能技术，并计划未来五年投资 15 亿欧元用于人工智能研发，以应对生产力革命带来的全新挑战。

以色列号称"创新之国"，在网络安全、国防军事等领域具有明显的优势，技术研发能力甚至可与硅谷媲美，已孕育出众多初创企业和独角兽企业，将成为全球人工智能发展的重要一极。日本虽然目前在人工智能研究领域力量略有匮乏，但日本政府和企业已经认识到人工智能技术对日本社会和企业竞争力的影响，正在积极采取行动，其人工智能与制造行业的结合已成为人工智能技术应用的一大亮点。除上述国家外，韩国、加拿大、印度、俄罗斯等国也都发布了国家级人工智能战略，以期抓住由人工智能技术引领的新一轮科技革命的战略机遇。

在人工智能发展百舸争流中，哪个国家能够充分利用人工智能，哪个国家就有可能在重塑世界格局中占据主动和优势地位。虽然美国拥有大量人工智能资源和人才，但并不意味着其人工智能发展具有绝对优势。来自其他国家巨大的竞争压力，促使美国各界积极思考如何在新一轮国际科技竞争中保持竞争优势、掌握绝对主动权。

（二）人工智能军事化应用受到广泛关注

人工智能系统和自主武器系统的出现有望提高未来作战的速度、打击范围、精确度和杀伤力，对战略稳定构成新的威胁。美国智库专家、政府官员、私营部门领导人等社会各界密切关注中国、俄罗斯等主要国家的军事科技动向，形成了一系列对人工智能军事化应用形势的研判，为美国制定国家安全战略、军事战略和新武器技术发展战略奠定了基础。

美国大多数智库对中、俄军事现代化进程持明显防范和警惕态度，兰德公司《人工智能的军事应用：不确定世界中的伦理问题》、新美国安全中心《战场奇点：人工智能、军事变革与中国未来军事力量》、布鲁金斯学会《中国军事创新中的"人工智能武器"》等报告，从不同角度分析了中、俄军事领域人工智能应用情况，认为两国均投入大量资源开展军事领域人工智能的应用研究，以缩小与美国差距并保持竞争力。虽然目前世界军事强国在人工智能领域竞争的轨迹并不明朗，但最终的竞争结果将改变未来经济和军事力量的平衡，建议美国优先打造"人工智能战备"力量，确保在人工智能方面的全球领导地位。美国政府高层、企业高管等对中、俄等竞争对手人工智能的军事化应用也持负面态度。例如，2018 年 12 月，国防部首席信息官达纳·迪西在众议院武装力量委员会新兴威胁与能力小组委员会发表证词时表示，目前中、俄正在大幅投资人工智能的军事应用，极大地威胁了美国技术优势和作战优势；该小组委员会主席伊莉斯·史提法尼克认为，近些年俄罗斯基础研究预算增长近 25%，中国也出台了国家层面的科技发展规划，这就要求美国制定自上而下、由政府主导的战略规划；SpaceX 的负责人埃隆·马斯克甚至表示，人工智能技术如果不加以控制，可能会引发第三次世界大战。[1]

---

① Seth Fiegerman，"Elon Musk Predicts World War III"，2017 年 9 月 4 日，见 http://money.cnn.com/2017/09/04/technology/culture/elon-musk-aiworld-war/index. html。

这些较为一致的观点促使美国上下达成共识：美国处于大国竞争时代，俄罗斯和中国正在挑战美国在技术发展中的卓越地位，美国很可能遭遇竞争失败，要改变这种情况，必须建立新的战争模式。对美方而言，人工智能提供了一种新途径来保持其军事优势。在此背景下，人工智能技术将成为改变美国军事战略和战争思维的重要抓手。

二、协同应对：美国政府的共同关注议题

无论是以智库专家、企业高管为代表的精英团体，还是普通的社会大众，都对人工智能技术的发展保持高度关注，认为人工智能技术的发展已成为当前重要的经济和军事问题，直接关系到美国的国际领导权、国家安全和军事地位。在智库专家、精英团体、社会舆论等的推动下，人工智能相关议题显然已成为美国国会和白宫、国防部等政府部门的首要关切，美国联邦政府前所未有地重视人工智能技术的发展，相关政策、战略如雨后春笋不断涌现。

（一）国会

国会是美国最高立法机构，对人工智能战略的发展轨迹具有很大的影响。2016 年之前，美国众议院和参议院从未就人工智能举行听证会。直到 2016 年，美国参议院首次专门针对人工智能

举办听证会，主题是"人工智能的黎明"，重点强调人工智能的竞争优势。在本次听证会上，参议员特德·克鲁兹警告称，"若中国、俄罗斯和其他外国政府掌握了开发人工智能的领导权，不仅会使美国处于技术劣势，还可能对国家安全产生严重影响"。2017 年底，部分国会议员提出"人工智能未来法案"，该法案明确了人工智能发展的必要性，对人工智能相关概念进行了梳理，旨在应对人工智能的机遇与挑战。2018 年 4 月，美国国会研究服务处发布《人工智能和国家安全》报告，从立法者角度探讨了军事人工智能的潜在问题，认为人工智能技术的发展对国家安全、军事采办、作战行动等构成了挑战。报告同时也指出了人工智能带来的机遇，例如在自主性、作战速度、作战效能等方面的优势。2019 年 11 月，美国国会研究服务处发布新版《人工智能和国家安全》报告，明确地表达了对中、俄人工智能军事化应用的担忧，认为人工智能市场的潜在国际竞争对手正在给美国制造压力，迫使其在军事人工智能的创新应用方面展开竞争，着力强调美国需采取有效的措施应对全球人工智能竞争。在大量外部咨询建议和内部立法推动的基础上，近年来，人工智能都是国防授权法律的重要议题，《2019 财年国防授权法案》《2020 财年国防授权法案》均有人工智能系列条款要求。

（二）白宫

在奥巴马政府领导下，美国白宫开启了人工智能政策研究。

2016 年，白宫科技政策办公室围绕人工智能这一主题组织"人工智能、法律和治理""为社会造福的人工智能""人工智能的未来：在全球创业峰会的新兴话题和社会福利""人工智能的技术、安全及控制""人工智能的社会和充分的经济影响"等 5 场研讨会。在研讨会基础上，机器学习与人工智能小组委员会形成了《为人工智能的未来做好准备》报告，高度明确了美国政府对人工智能的支持态度。2016 年 10—12 月，又陆续发表了《国家人工智能研究与发展战略规划》《人工智能、自动化与经济》。奥巴马政府这三份报告几乎同时发布，编撰速度相对于传统报告的效率而言非常快，且在短短 6 个月内，政府就确定了优先事项、招募了关键人物，并制订了全面的人工智能国家计划。奥巴马政府对人工智能领导地位的高度重视，显然将人工智能视为当务之急。

特朗普上任后，对奥巴马政府时期的人工智能发展战略进行了改变，开始寻求一种截然不同的、自由市场导向的人工智能战略。2017 年，特朗普政府出台新版《国家安全战略》。2018 年 5 月，白宫举办人工智能峰会。2019 年 2 月，特朗普签署《维护美国在人工智能时代的领导地位》行政命令将人工智能技术发展提升至国家级战略的高度。2020 年 2 月，美国白宫科技政策办公室发布《美国人工智能倡议首年年度报告》，重申美国必须推动政府、工业界和学术界在人工智能领域取得技术突破，以促进科技发展、保持竞争力、维护国家安全。特朗普政府还特别允许人工智能技术"自由发展"，联邦政府"将尽最大可能地允许科学家和技术专家自由研发下一代伟大发明"。这毫无疑问反映出美国政府的立场，即尽一切努力让人工智能的地位不断增强，发挥其在大国竞争背景下应尽的作用。

（三）国防部

2015 年，美国国防部长卡特连续 4 次访问硅谷，对人工智能表现出极大兴趣，直言要将民用人工智能技术用于改进国防装备体系。2016 年 1 月，美军参谋长联席会议副主席、空军上将保罗·塞尔瓦在布鲁金斯学会举办的一次论坛中表示，世界将及早面对人工智能领域的"终结者难题"，认为谈论人工智能等新技术对国家和战争未来影响的时机已经成熟。国防部常务副部长罗伯特·沃克认为，新兴技术和能力融合正在改变战争的性质以及冲突的发生方式，俄罗斯、中国等竞争对手以及盟国以色列在加紧部署人工智能的军事化应用，尤其是后者，若将人工智能用于军事目的可能会导致整个中东地区不稳定。沃克表示，"尽管国防部已经在采取措施研究人工智能、大数据和深度学习，但我仍相信，我们需要做更多事情，且行动要更快"。国防部首席信息官达纳·迪西在接受媒体采访时表示，对美国而言，保持人工智能的领导地位至关重要，这不仅会增加国家繁荣，而且还将会增强国家安全。2018 年 6 月，美国国防部制定了《国防部人工智能战略》并于 2019 年 2 月公布了概要，这是继《网络战略》《太空战略》后，美军正式出台的人工智能这一新兴技术领域的军事战略文件，是美国推进人工智能军事化的里程碑。① 同年 7 月，美国国防部发布《国防部数字现代化战略》，将人工智能列为在国防领域具有应用前景的技术，也是美国国防部优先发展的技术之一。美国军方以《美国人工智能倡议》《国防部人工智能战略》等文件为依据，相继制定人工智能技术研发路线、重点项目规划、技术标准规范等，着力构建研究开发、作战应用以及人才培养体系，为人工智能技术研发指引方向、明确要求。

美国国会、白宫、国防部等关键立法和行政机构对人工智能技术的积极态度，直接决定相关战略议题的形成与设置。在此过程中，智库弥合了思想领域与政治领域、原始信息与相关数据、学术研究与政策相关性等的鸿沟②，使得决策者和大众能够在轰炸式海量信息中，准确、深入且全面地了解当代问题。借助媒体、研讨会等渠道，智库有效地提高了高层决策者对于其研究成果的吸纳和使用，为议题设置提供了支撑和推动力，开启了人工智能战略决策众多议程。

---

① 龙坤、朱启超：《美军人工智能战略评析》，《国防科技》2019 年第2 期。

② 詹姆斯·G.麦甘：《美国智库与政策建议：学者、咨询顾问与倡导者》，肖宏宇、李楠译，北京大学出版社 2018 年版，第 5 页。

第五章　美军人工智能战略发展问题的智库研究与咨询

美国著名政策学者托马斯·R.戴伊把政策制定过程分为六个阶段：问题确认、议程设定、政策形成、政策合法化、政策执行、政策评估。政策形成阶段主要是"为解决提上公共议程的问题，而对备选方案进行研究开发"①，负责部门按照设定好的议程，对政策进行讨论、拟制、选择和完善。在人工智能政策制定过程中，智库都以其专业政策研究优势参与其中。特别是在政策形成阶段，智库围绕研究议题，开展集中且密集的跟踪研究，推出大量研究报告，并积极参与国会、白宫以及国防部组织的听证咨询，积极推送涵盖战略、政策、应用、风险等领域多类建议。

---

① ［美］托马斯·R.戴伊：《理解公共政策》，谢明译，中国人民大学出版社 2011 年版，第 36 页。

第一节　智库对美军人工智能与防务问题的 研究项目

近年来，随着人工智能影响的不断扩大，美国决策者对人工智能治理问题日益关注，人工智能对安全和防务问题的影响成为重大关切，策略分析和应对建议的需求逐渐增大，智库敏锐捕捉机遇，及时呼应，或主动为之，或按要求为之，纷纷设置各类人工智能研究专项，由此产生一大批颇具影响的研究成果，为美国政府制定相关政策或战略提供了智力支撑。

一、新美国安全中心人工智能和全球安全项目

与过去的工业革命导致国际权力深刻变化类似，人工智能同样具有影响世界格局的巨大潜力。此外，在激烈的人工智能军备竞赛中，国家和其他非国家行为体会因过分重视自身利益而匆忙部署人工智能技术，对国家安全、全球稳定造成严重威胁。新美国安全中心敏锐地察觉到由人工智能和机器学习支撑的新工业革命的到来，认为对于技术和政策界来说，更好地理解人工智能革

命对全球安全以及如何应对未来挑战具有十分重要的意义。

基于此，2017 年 7 月，新美国安全中心启动为期两年的人工智能和全球安全项目，旨在分析人工智能对政治、经济、外交、军事等领域的影响，探索人工智能革命将会带来的全球力量及冲突性质的变化，审查人工智能安全方面国际合作的愿景，为决策者提供专业分析及应对未来变化的建议。该项目的关键研究议题包括权力转移、冲突性质、危机稳定、人工智能安全、合作前景五个方面，其中权力转移包括人工智能如何改变国际舞台上相关角色之间的关系、权力的关键要素将如何转移等问题；冲突性质包括人工智能在军事上的应用将如何改变战争性质和军事结构、人工智能是否会改变冲突性质等议题；危机稳定包括人工智能将如何影响战争的爆发、终止和升级，人工智能系统的扩散将如何影响军备竞赛等议题；人工智能安全包括人工智能系统受到颠覆和攻击的可能性、如何实现人工智能安全等议题；合作前景包括促进各行为体之间合作的措施、人工智能安全需要多大程度的合作等议题。

该项目由国防部前常务副部长罗伯特·沃克和谷歌云人工智能负责人安德鲁·摩尔博士共同主持，并组建人工智能和国家安全特别工作组执行具体任务，工作组由学术专家、私营部门领导人、政府前高级官员等32名成员组成，成员的理论及实践经验丰厚，对人工智能技术具有深刻的思考和了解，能够保证研究成果的权威性和前瞻性。人工智能和全球安全项目的研究成果以报告为主，辅以评论、视频、播客等形式。成立至今，该工作组陆续发布《人工智能时代的战略竞争》《战场奇点：人工智能、军事变革与中国未来军事力量》《人工智能：决策者须知》《人工智能与国家安全》《理解中国的人工智能战略》《美国人工智能世纪：行动蓝图》等深度研究报告，均在官方网站公开发布。人工智能和全球安全项目覆盖广泛，系统性强，且大多数议题具有预判性、前瞻性，可为美国政府的政策决策和战略制定提供专业的支持。

二、兰德公司人工智能专项

依循关注防务问题的深厚传统，依托专业的人才队伍和强大的科研实力，作为国防部长期资助的智库，兰德公司积极开展人工智能领域的研究，形成了一系列颇具前瞻性的研究成果。比如，2019 年 12 月，兰德公司发布受美国国防部委托开展的《国防部人工智能态势：评估与建议》研究报告。2020 年 4 月，兰德公司发布受美国空军委托开展的《人工智能的军事应用：不确定世界中的伦理问题》研究报告。兰德公司还积极响应政府的号召，为政策决策、战略制定建言献策。例如，2019 年，国家安全人工智能委员会就新兴技术在全球秩序中的作用公开征集创意，兰德公司研究人员加紧应对这一挑战，集思广益，提出各种各样的想法，最终成果《拥抱开源军事研究以赢得人工智能竞赛》

《如何为人工智能挑战招聘人才》《如何训练人工智能士兵机器人》等公开发表在公开网站上。

兰德公司除接受美军相关部门委托，开展人工智能领域定向研究外，还依托"安全 2040"等项目进行专题深入研究。"安全 2040"项目是兰德全球风险与安全中心实施的一项研究计划，跨越核战略、经济学、人类学等领域，旨在为决策者提供专业知识指导，预测新兴技术给全球安全带来的威胁，内容涵盖了脑机接口、全球气候变化、量子计算、3D 打印、人工智能等议题。在人工智能议题方面，兰德公司围绕人工智能是否能够跟踪或监视敌方力量、如何在决策支持系统中使用人工智能技术、如何根据核武器控制的经验控制人工智能等问题开展广泛研讨。研讨会参与者普遍认为，到 2040 年，人工智能有很大潜力推翻核稳定根基并削弱其威慑力，在日趋多极化的战略环境中尤为如此。研讨会形成的《人工智能对于核战争风险意味几何》报告分别以英文、汉语、韩语三种语言发布于兰德公司官网。

据兰德公司官方网站显示，该公司从事人工智能领域研究专家现有 34 名，其中 19 名拥有博士学位，学科背景广泛，涵盖物理学、信息科学、计算机科学、量子技术、化学等。例如，高级研究员布里恩·阿尔基尔为加州大学洛杉矶分校电气工程专业博士，接受过算法设计师培训；斯科特·哈罗德拥有哥伦比亚大学政治学博士学位，专门研究中国、日本、朝鲜和韩国等的外交和国防问题；贾斯汀·格拉纳获得美利坚大学经济学博士学位，致力于将博弈论应用于计算机网络安全问题。此外，研究团队的专家也与政府有着广泛而密切的联系，例如，2011—2016年，兰德公司高级信息科学家菲利普·安东曾两次被借调至国防部，担任采办政策分析中心的高级主管职位，直接向国防部负责采办、技术和后勤的副部长汇报工作。在此期间，他实施了改善国防部政策和机构绩效的战略计划，制定了可负担性政策等，并获得国防部杰出服役勋章。

三、战略与国际问题研究中心的人工智能项目

战略与国际问题研究中心作为长期关注防务领域的知名智库，依托技术与创新项目、国际安全项目、人权倡议项目等，开展人工智能技术相关研究，为美国发展人工智能技术、制定相关政策和战略建言献策。

技术与创新项目旨在分析变革性技术的发展对国家安全、社会生活等各个方面的影响，涉及人工智能研究的计划包括人工智能计划、中国创新政策计划、面部识别计划等。其中，人工智能计划旨在探索管理人工智能风险的方法，以最大限度地提高人工智能为人类经济和社会带来的利益。中国创新政策计划旨在更好地了解中国的创新政策以及中国在高科技创新方面的成果，评估其对行业、中国贸易伙伴和全球经济的影响，该项目研究内容分为三类：一是概述中国科技创新的总体趋势；

二是针对数字经济、新能源汽车、半导体、人工智能、商用飞机和制药等六个中国最先进的领域开展研究；三是研究中国的技术进步、整体实力与其国际影响力之间的关系。该计划发布了《中国不平衡的高科技发展：对美国的影响》《中国大力投资发展人工智能》等研究报告，并举办了以"中国的人工智能创新系统"为主题的研讨会，讨论中国人工智能生态系统现状以及美国应如何回应中国在人工智能方面的进步。面部识别计划专注于探索美国面部识别技术在使用和管理方面的未来趋势，侧重于面部识别基础技术的发展、确保人权和公民自由的规则和管理机制，以及美国政府在促进人脸识别技术有益应用方面应发挥的作用等。

国际安全项目聚焦国防战略和政策、美国核政策、反恐和国土安全、大规模杀伤性武器扩散、国防预算分析、导弹防御等常规军事问题，还致力于解决美国外交和安全政策等非军事问题，旨在对美国面临的国防和安全挑战进行非党派分析，为国会、行政部门和行业提供决策支持信息。其下属的了解人工智能计划旨在深入了解人工智能对国家安全的影响，探索人工智能在国家安全中的应用与商业应用之间的联系。作为该项目的一部分，研究团队还通过圆桌会议讨论人工智能领域的关键主题，包括人工智能应用的概念框架、人工智能技术的风险和挑战等，形成了《人工智能与国家安全：人工智能生态系统的重要性》等研究报告。

人权倡议项目于 2014 年 6 月启动，战略与国际问题研究中心是华盛顿唯一设置此类项目的智库。该项目将跨部门和跨学科的学者聚集在一起应对全球最紧迫的人权挑战，包括技术与人权，全球供应链中的劳工权利，冲突、安全与人权等计划。其中，技术与人权计划重点关注人工智能的定义问题，以及如何更好地制定政策以支持言论自由，同时应对错误信息、虚假信息等。

另外，战略与国际问题研究中心认为美国需要制定全面的国家机器智能战略，以实现保持技术优势、促进经济发展、维护社会规范和价值观、保护美国公民等四个关键的政策目标。为此，战略与国际问题研究中心和全球最顶尖的管理咨询机构博思艾伦咨询公司合作，开展针对机器智能风险和隐患的项目，为美国在机器智能领域保持竞争优势、应对相关风险和挑战提供建议。

四、布鲁金斯学会人工智能和新兴技术项目

布鲁金斯学会在人工智能技术浪潮兴起之时，就颇具前瞻性地意识到人工智能等新兴技术潜在的安全挑战与政治风险。为推动人工智能技术研究、为政策制定提供咨询借鉴，布鲁金斯学会设立人工智能和新兴技术项目，旨在寻求并致力于确定人工智能治理模式和最佳实践，以使美国社会在人工智能和新兴技术方面获益，同时能够有效规避和管理风险，促进变革性新技术的良好治理。自 2014 年 4 月发布第一份报告《产品责任和无人驾驶汽车：

立法问题和指导原则》以来，该项目已产出《人工智能在未来战争中的作用》《人工智能改变世界》《跨大西洋人工智能合作的重要性和机遇》《人工智能时代的中美关系》等深度研究报告 76 篇，广泛涵盖了人工智能技术、人工智能政策、人工智能治理、人工智能技术偏见、人工智能与国家安全等主题。

该项目由布鲁金斯学会主席约翰·艾伦直接领导。约翰·艾伦从美国海军陆战队四星上将退休后，于 2017 年担任布鲁金斯学会主席。他曾担任北约驻阿富汗国际安全援助部队和驻阿富汗美军指挥官，拥有丰富的军队履职经历。他还是《转折点：人工智能时代的制定者》一书的作者之一，该书论述了人工智能技术的工作原理，阐述了人工智能可能带来的机遇和风险，并对政府关于人工智能的政策建议进行剖析。人工智能和新兴技术项目的独立性和非党派性，吸引了布鲁金斯学会、学术界、政府、民间社会和技术领域 20 余位专家参与。

布鲁金斯学会涉及人工智能的项目还包括"全球中国：评估中国日益重要的国际地位"项目、"人工智能未来的蓝图：2018—2019"项目等。其中，"全球中国：评估中国日益重要的国际地位"项目旨在分析、研究与评估中国在全球范围影响力，为美国决策者和公众提供了解大国竞争的全新视角，研究涉及中国外交政策、关键技术、东亚安全等多个主题，《中国军事创新中的"人工智能武器"》《人工智能、地缘政治和信息完整性》等均是该项目的研究成果。"人工智能未来的蓝图：2018—2019"

项目汇总了来自布鲁金斯学会各地学者的相关研究报告，旨在挖掘新兴技术给社会各行业、各领域带来的机遇、冲击和影响，包括《美国数字城市中的人工智能》《为什么我们需要重新思考人工智能时代的教育》《人工智能如何影响金融消费者》《人工智能将如何影响能源和气候的未来》《人工智能对国际贸易的影响》《人工智能在未来战争中的作用》《人工智能对国家安全战略的影响》等深度研究报告 20 余篇。

五、安全与新兴技术中心人工智能研究

安全与新兴技术中心成立于 2019 年 1 月，是美国最大的人工智能和政策研究中心，位于乔治敦大学沃尔什外交学院，专注于人工智能和先进计算的研究。该智库具有以下特色：一是将人工智能和先进计算领域的专业知识与乔治敦大学广泛的政策网络相结合，对新兴技术给国家安全带来的影响进行全面充分的分析。二是安全与新兴技术中心的研究人员均为来自国家安全委员会、情报界、国土安全部、国防部等的专家，拥有丰富的情报和运营经验，为技术研究提供了坚实的信息基础。三是安全与新兴技术中心的数据科学团队以前所未有的规模收集、处理和分析开源数据，包括各种来源的信息图表、专家证词、已发布的报告、外文资料和技术资料等，能充分保证研究成果的权威性、专业性和可靠性。

自成立以来，该中心发布人工智能相关研究报告 40 余篇，涵盖了技术、国家安全、国际事务等领域，并致力于中俄人工智能发展动态追踪，翻译、分析了大量中俄人工智能计划、战略、重要机构的预算等，例如中国的《人工智能标准化白皮书》《新一代人工智能战略咨询委员会委员简介》《国家新一代人工智能创新发展试验区建设工作指南》等。此外，安全与新兴技术中心的研究人员还会定期在各种媒体上发表言论，并提供国会证词、时事评论等。2019 年 9 月，安全与新兴技术中心还与乔治敦大学安全研究中心联合组织了主题为"人工智能与国家安全"的乔治·卡拉里斯情报会议。

六、国会研究服务处人工智能项目

国会研究服务处隶属于美国国会图书馆，是美国国会智库机构之一，专为参议院和众议院各委员会和成员提供特定的法案分析与评估服务，并针对各类重大议题预先进行深入研究，出版各种相关报告以支持决策。国会研究服务处设置美国法律，国内社会政策，外交事务、国防与贸易，政府与财政，资源、科学与工业等五个部门，聘用了 400 名政策分析师、律师和信息专业人员，涵盖法律、经济、公共管理、教育、医疗保健等各个学科，使得国会研究服务处能迅速灵活地调动成员，多角度综合分析国会面临的复杂公共政策问题。其服务有多种形式，包括重大政策问题报告，机密备忘录、简报和咨询，研讨会和讲习班，国会专家政策，回应个人咨询等。

近些年来，国会研究服务处关注到人工智能的发展对国家安全和国家战略的影响，在2018—2019年先后公开发布了《美国地面部队机器人和自主系统以及人工智能：国会应考虑的问题》《人工智能和国家安全》《人工智能概述》等研究报告17篇，从国会立法的角度探讨机器人与自主系统和人工智能之间的融合，详细分析人工智能技术的国防应用、人工智能军事整合的挑战、中国与俄罗斯军用人工智能的情况、人工智能带来的机遇与挑战、人工智能的潜在作战影响等问题。

第二节　智库对美军人工智能与防务问题的研究内容

众多知名智库在对人工智能影响及其治理的研究中，以世界格局调整态势为背景，聚焦塑造美国新的领先优势和领导地位，开展了大量研究，并结合不同的专业视角和研究传统，对人工智能战略发展提出自己的观点和建议，为美国国会、联邦政府和国防部提供了重要决策参考。

一、智库对人工智能与防务问题的关注重点

众多知名智库协调利用专业力量，主要围绕人工智能与"第三次抵消战略"、人工智能与国家安全、人工智能发展战略规划、人工智能军事应用、人工智能技术竞争等方面开展了研究。

（一）人工智能与"第三次抵消战略"

"第三次抵消战略"最初是希望"利用人工智能与自主化领域取得的所有进步，并将其用于国防部的战斗网络中，以实现国防部所认为的提升和加强常规威慑力量的能力目标"。随着美军开始实施"第三次抵消战略"，他们认为，一些潜在的挑战也随之而来，在外部，竞争对手通过较快地将最新商业技术与自主化或人工智能结合起来形成实战军事能力，从而获得对美国的军事优势；在内部，美军面临着技术采办程序复杂、商业技术获取速度慢、人工智能技术创新不够，存在可解释、可信任等风险。针对美军的战略意图和现实问题，智库开展了大量研究。

新美国安全中心作为智库界人工智能的拥趸，早在2015年12月18日就发布《在能为之时：阻止美国军事优势受到侵蚀》报告，文中提到，国防部长卡特和副部长沃克正领导五角大楼开展一系列评估，以制定并实施"第三次抵消战略"，确保通过合

理的国防投资组合，"抵消竞争对手数十年来在关键军事技术领域的投资"。战略与国际问题研究中心 2017 年 3 月发布《评估"第三次抵消战略"》报告，认为当前削弱美国军事优势的不是对手军队规模和军费投入的大幅增长，而是随着技术创新环境的全球化和商业化发展，对手可将众多新兴商业技术用于军事领域，推动作战概念创新，挑战美国的军事优势。技术创新是"第三次抵消战略"的核心之一，人工智能在其中扮演了关键角色。2017 年 4 月，大西洋理事会发布报告《维持美国创新优势》指出，美国的技术优势正在受到削弱，中国、印度等新兴国家正加大对人工智能、机器学习和机器人等新兴技术的资金和人力投资，威胁着美国在这些领域的地位；美国本土创新投资的热情反而大大减退。这些趋势可能对美国的地缘政治和社会经济造成深远的影响，美军可能失去对关键任务技术的控制。因此，报告建议美国政府从研发、人力、资本、创新概念和知识产权五个方面努力维持创新优势。海军分析中心作为美国海军的御用智库，也在 2018 年 5 月发表了一篇名为《"第三次抵消战略"的思考：应对自主化与人工智能在军事中的挑战》的报告，提出改进自主化与人工智能技术采办、提升自主武器系统互操作性、降低致命自主武器风险、消除对致命自主武器的担心等建议。

（二）人工智能与国家安全

人工智能与国家安全问题是智库关注的热点，尤其在美国出台《2018 财年国防授权法案》前后，美国多家智库集中火力，以"人工智能与国家安全"为题密集发表多篇研究成果，探讨人工智能与国家安全的关系，分析人工智能对国家安全的颠覆性影响以及人工智能的军事应用等。哈佛大学贝尔弗科学与国际事务中心在 2017 年 7 月发表《人工智能与国家安全》报告，分析了人工智能技术通过变革军事、信息与经济优势对国家安全产生的颠覆性影响，围绕确保人工智能技术领先，支持人工智能军事、和平和商业应用，降低灾难性风险等目标提出多项具体建议。新美国安全中心 2018 年 7 月也发表了一篇《人工智能与国际安全》的报告，主要分析国家安全相关的人工智能应用和人工智能对全球安全的间接影响。布鲁金斯学会 2018 年 11 月发表的《人工智能对国家安全战略的影响》报告，分析了人工智能和其他新兴技术带来的新挑战，详细论述了人工智能对国家安全战略的影响。美国战略与国际问题研究中心几乎同时发表的《人工智能与国家安全：人工智能生态系统的重要性》报告，主要介绍美国对人工智能的投入、人工智能在美国国家安全领域的应用，以及未来美国人工智能发展建议。美国国会研究服务处 2018 年 4 月发表了第一份《人工智能和国家安全》的研究报告，从立法者角度探讨了人工智能军事应用的潜在问题，并在 2019 年 11 月作出更新。这些报告强化了美国高层对国家安全问题的关注和担忧，对美国推出国家层面人工智能发展战略与政策起到了推波助澜的作用。

多家智库的研究报告综合显示，人工智能正在改变世界。人工智能将重塑经济优势，大量就业岗位将被人工智能取代，对就业的影响将进一步改变全球经济基础、力量平衡和安全环境。人工智能将重塑信息优势，大幅度提升数据收集和分析能力、文本和多媒体数据的生成能力，以及信息定向传播、放大甚至伪造音视频及图像信息的能力，拥有先进人工智能分析系统的国家将拥有战略决策的决定性优势。人工智能将重塑军事优势。从短期来看，人工智能的进步很可能会催生更多可直接参与战争的自主智能机器人，并加速有人作战模式向无人作战模式的转变；从中期来看，机器人和自主系统将逐渐拥有自然界所拥有的多种能力；从长远来看，这些能力将为军事领域和战争格局带来革命性变化。

（三）人工智能发展战略规划

作为事关国家安全挑战的重大问题，众多智库认为，美国和美军必须响应国家安全战略、国防战略的要求，从战略层面认识和对待人工智能发展，研究并提出相应的战略措施，借以保持美国在人工智能领域的领导地位，塑造新兴技术时代美军的技术优势。新美国安全中心在 2018 年 7 月推出《人工智能时代的战略竞争》报告，分析了人工智能发展可能对未来国家实力及国际竞争产生的影响，建议美国制定国家人工智能战略，确保在人工智能领域的世界领先地位。美国战略与国际问题研究中心于 2018

年 3 月发表的《美国机器智能国家战略》报告指出，虽然美国在机器智能领域走在世界前列，但近两年来，中国、日本、韩国、印度、英国等纷纷出台人工智能相关战略，大有后来居上之势。为避免在"机器智能革命"中落后，美国有必要制定国家层面的战略。信息技术与创新基金会在 2018 年 12 月发表《美国为何需要人工智能国家战略及其应有内容》报告，重点阐释制定人工智能国家战略的意义，包括提升国家竞争力、增强国家安全、克服市场失灵等，并提出美国国家人工智能战略的六大目标和八个方面的建议。

（四）人工智能军事应用

人工智能正在快速且深刻地改变商业领域和工业部门，同时也在改变未来战场的特性和美军的军事能力发展，并且影响到作战、训练、保障、兵力防护、人员招募、医疗保健等多个方面。针对美军的现实需求，智库主要对机器人集群作战、人机编队、自主武器、情报分析、决策支持、风险管控和伦理道德等问题开展了针对性研究。

新美国安全中心早在 2014 年就推出一套"战场机器人"系列报告，其中《战场机器人之一：作战范围、持续能力与危情处置》，主要研究无人与自治系统的作战优势；《战场机器人之二：即将来临的机器人集群》则探索机器人技术革命将如何使美军在战场上实现规模化的作战力量，同时研究了无人系统集群作战的优势。"战略桥"智库邀请多位人工智能专业学者和国家安全专家就自主性和无人技术融合以及对战争的影响发表观点，分别在2017年和2018年发表了"未来机器人战斗思索"之《如何构建未来人机一体化军事组织》和《人机集成的三大领域》两篇研究成果。战略与预算评估中心于2018年4月25日发表《未来地面部队人机编队》，主要阐述了发展未来地面人机编队的主要推动因素、人机编队三大形式、发展未来人机编队的主要挑战，以及通过人机编队提高作战效能的战略等四个方面。自主武器问题也成为智库关注的热点，海军分析中心、新美国安全中心等智库一批研究者发布《人工智能、机器人和集群——问题、疑问和研究建议》《自主武器与作战风险》等报告，对美军自主性发展进行评估并提出系列建议。

情报分析和辅助决策是人工智能军事应用的典型领域，战略与预算评估中心于2020年7月13日发布《收集优势：利用新兴技术进行情报收集》报告，阐述了人工智能等新兴技术可提高情报收集、处理与利用的自动化能力，改变情报收集的地点、方式与速度，驱动作战与决策。兰德公司在2020年5月发布的《通过机器学习实现空中优势：对人工智能辅助任务规划的初步探索》报告中，概述了研究团队建立人工智能系统进行空战任务规划的方法以及得出的结论。战略与预算评估中心于2020年2月11日发布《"马赛克战"：利用人工智能和自主系统实施决策中心战》报告，认为美军要想在与中俄的军事竞争中取胜，就要从此前的消耗中心战理念转为决策中心战理念，人工智能和自主系统发展为实施决策中心战创造了条件。

人工智能军事应用风险问题始终是美国智库关注的重点。新美国安全中心在 2018 年 2 月发布的《预测、防止和减少人工智能的恶意使用》报告中，研究了人工智能被恶意使用的潜在威胁，就如何更好地预测、防止和减少恶意使用威胁提出了建议。新美国安全中心在 2018 年 5 月 30 日发布的《技术轮盘赌：军方在追求技术优势时应管控技术失控》报告中，探讨了机器人与自主系统和人工智能之间的融合，同时指出国会需要考虑人工智能技术失控问题。兰德公司在 2020 年 4 月发布的《人工智能的军事应用：不确定世界中的伦理问题》报告认为，军事智能的发展存在风险，自主系统操作人员必须积极保持对军事智能系统的控制，建议广泛开展公众宣传，降低发展军事智能技术产生的伦理风险，避免引起公众抵制。

（五）人工智能技术竞争

大多数美国智库认为，在世界人工智能竞赛中，虽然目前美国处于领先地位，但可能很快会被中国等国家超过。对此，多家智库分别从国家战略、政策制度、组织机构、人才队伍等方面为美国国会和联邦政府提出极具针对性的建议。

新美国安全中心于 2017 年 12 月发表的《战场奇点：人工智能、军事变革与中国未来军事力量》报告，强调人工智能将成为推动未来军事变革的关键因素，并分析了中国军队在人工智能军事化应用方面的战略规划和发展动向，对如何确保美国在人工智能领域的军事与战略竞争力提出若干建议。美中经济安全审查委员会在 2019 年 11 月 14 日发表的年度报告称，中国军事战略家将人工智能视为突破性技术，可迅速实现军事现代化，超越美国整体实力，以此警告美国须遏制中国发展人工智能技术。战略与国际问题研究中心在 2020 年 1 月 4 日发布的《美政府限制向中国出口人工智能软件》评估报告中明确指出，美政府限制美国公司出口人工智能产品的主要目的是防止中国军方利用其技术制造出更好的军事人工智能产品。兰德公司在 2020 年 7 月 8 日发布的《保持人工智能和机器学习的竞争优势》报告中，对中美两国的人工智能战略、文化和结构因素及军事能力发展进行比较分析，认为人工智能技术有可能成为未来武装冲突至关重要的力量倍增器。这些报告部分已被美国政府采纳，特朗普政府开始限制美国人工智能相关的硬件和软件的出口行为，以遏制竞争对手发展人工智能技术的速度和效率。

二、智库对人工智能与防务问题的主要建议

智库对人工智能问题的研究，最后大多需要形成报告和建议，为政府决策提供参考。不同的智库，结合不同的专业优势和观察视角，对人工智能战略发展提出自己的观点和建议，但概括

来看，多家智库报告常常在建议部分表现得异曲同工，主要集中于制定战略、加大投资、共享数据、控制风险、培养人才、交流合作等方面。这些建议通常能够形成合力，推动美国联邦政府、国防部在人工智能发展上推行新的政策举措。

第一，制定人工智能发展战略，保持领先对手的优势。战略是行动牵引，能够为未来发展提供综合指引。在国家层面，以及一些重大技术领域，美国一般都会制定新的战略政策，应对发展挑战，对人工智能这一新兴领域来说，更是如此。众多智库借助战略政策制定契机，积极建言，新美国安全中心、哈佛大学贝尔弗科学与国际事务中心、布鲁金斯学会、战略与国际问题研究中心等智库均在出台的"人工智能与国家安全"主题报告中，不同程度地强调美国在国家层面出台人工智能发展战略和规划的必要性。以新美国安全中心为例，其在《人工智能与国际安全》中明确提出，人工智能作为一种新兴技术，已在国家安全各领域有诸多应用，将对全球安全产生重要影响。美国必须快速行动，制定国家战略和顶层规划，抓住人工智能带来的机遇，并做好应对未来相关挑战的准备，以保持对潜在竞争对手的领先优势。

第二，加大对人工智能发展的投资，为人工智能发展提供有力保障。目前，人工智能领域的大部分进展都表现为专用人工智能，只能完成特定任务。大多数研究人员认为，通用人工智能还需要几十年的时间才能实现，需要开展长期而持续的研究，想要在机器学习领域的进展基础上继续进步，进而实现通用人工智能，就必须对基础研究进行长期投资。另外，人工智能数据开发共享、基础实验设施、教育与人员培养等都需要大量投资。针对投资问题，近年来，乔治敦大学安全和新兴技术中心发布的《人工智能发展的关键在于正确的投资》、信息技术与创新基金会发布的《美国为何需要人工智能国家战略及其应有内容》、哈佛大学贝尔弗科学与国际事务中心发布的《人工智能与国家安全》等报告均提出大幅增加对人工智能研发投入建议，而且把投入重点放在基础研究和应用研究，加大研发税收抵免；建议美国国防高级研究计划局、美国情报高级研究计划局、海军研究局以及国家科学基金会等资助机构，增加与人工智能相关的基础研究的经费支持。新美国安全中心的《人工智能时代的战略竞争》报告还建议美国政府增加对具有独特国家安全应用且不太可能获得私营部门投资的人工智能研究的投资。

第三，重视人工智能数据开放共享，为研究和应用提供基础条件。数据是人工智能发展的基础，甚至可以用"血液"来形容，训练数据集及其他资源的多样性、深度、质量和准确性会显著影响人工智能的性能。美国政府通过业务系统积累了大量数据，联邦资金也资助开发了大量数据集，商业企业持有大量涉及市场用户信息的数据。智库研究认为，政府应鼓励共享人工智能数据集，激励人工智能方法和解决方案创新。政府应允许人工智能研究组织对这些数据与模型进行访问和使用，同时保护安全、隐私和机密性。新美国安全中心发布《人工智能时代的战略竞争》，建议联邦政府制定法规，专门规范人工智能数据收集、存储和使用的管理。信息技术与创新基金会在《美国为何需要人工智能国家战略及其应有内容》报告中，强调确保数据的可用性，为数据收集、共享和使用提供支持并消除障碍。

第四，控制和监管人工智能应用风险，不断提高人工智能安全性。人工智能技术本身的不完备性以及被恶意使用的风险，使人工智能的控制和监管问题日益突出。在军事领域，许多算法，包括基于深度学习的算法，对用户来说都是不透明的，几乎没有现成的机制来解释其结果，这在战场上具有极大的决策信任风险。针对这些安全与风险，新美国安全中心在《技术轮盘赌：军方在追求技术优势时应管控技术失控》报告中认为，技术优势不等于安全，军方在发展先进技术、追求技术优势时，可能因人为错误、突发效应、滥用和误解等引发技术失控，建议美国防部和情报机构强化风险认识，重视防范技术失控风险。该中心在《人工智能：决策者须知》报告中也提醒美政府高度重视人工智能安全性问题，充分认识人工智能系统的局限性及安全风险。该中心在《战场奇点：人工智能、军事变革与中国未来军事力量》报告中，建议国防部设立一个工作组，召集私营部门、国家实验室和军种研究实验室等机构的军事与技术专家，评估美军和潜在对手将人工智能用作军事用途的潜在风险，包括对危机稳定和危机升级的影响。布鲁金斯学会在《中国军事创新中的"人工智能武器"》报告中建议，围绕人工智能安全和复杂系统试验等问题，寻求限制人工智能武器系统和自主系统向非国家行为体扩散的方法，例如调整现有的出口管制机制等，建议美军应继续强调人工智能系统的安全性、可靠性，探索并建立危机管理机制，减少事故或意外升级的可能性。在社会伦理方面，战略与国际问题研究中心的报告指出，人工智能引发的相关伦理问题是未来需要研究的一个重要问题，包括如何确保人工智能的使用不违反战争法、尊重人权，还包括如何保护个人隐私及人的自主权，建议制定伦理方面的政策和标准，指导人工智能技术的应用。

第五，大量培养人工智能技术人才，增加人才储备。近年来，商业和学术部门的大量报告表明，人工智能专家日益短缺，供不应求，需求还在不断上升，这对美国保持人工智能领域的领导地位构成严重挑战。智库对人才问题也进行了广泛探讨和建议。2019 年 10 月，国防创新委员会发布题为《现有劳动力：应对当今军队的数字战备危机》报告，指出美国防部正面临一场"数字战备危机"，国防部领导人须立即采取行动，以扩大和利用现有的数字人才，否则将会在关键技术竞争中落后于竞争对手。2020 年 7 月，美国人工智能国家安全委员会向总统和国会提交第二季度建议报告，提出两项数字技术人才培养计划，旨在从根本上培养联邦技术人才，缩小政府科技人才缺口。一是创建美国数字服务学院，为政府员工提供数字技能培训，扩大政府员工队伍中的数字人才；二是设立国家数字预备军团，建立技术专家在政府兼职服务的机制，为人工智能技术专家创造在政府服务的兼职机会。新美国安全中心在《人工智能时代的战略竞争》报告中建议，联邦政府应开发人工智能人力资本，将投资科学、技术、工程和数学教育作为国家安全优先事项，同时采取吸引全球顶尖人工智能人才的移民政策，提高本土的新技术创新能力。信息技术与创新基金会在报告中建议，国会资助国家科学基金会设立人工智能奖学金项目，并为保留学术界人工智能研究人员设立奖金项目；提高签证上限，留住更多外国人才；同时建议联邦政府采取措施增加计算机专业大学生数量，改革国家劳动力培训和调整政策，适应技术变革时代新要求。

第六，加强公私合作关系，扩大同盟友与伙伴的合作交流。美国知名智库多份报告认为，由于商业领域人工智能发展迅速，联邦政府要与私营部门加强合作，共同致力于人工智能技术的突破。美国艺术与科学协会认为，美国作为创新领导者的地位，依赖于建立一个更强大的国家政府—大学—产业界研究伙伴关系。众多智库建议，鉴于伙伴关系的益处，政府要扩大公私合作，采取有效措施战略性地利用设施、数据集和专业知识等资源，使创新加速转化为实践。随着各国竞相提升人工智能相对优势，需要加强各方合作以防御潜在的风险，对美国来说，与盟友和伙伴国家紧密合作至关重要。2017 年 7 月，乔治敦大学安全与新兴技术中心发布的《人工智能与国家安全》报告认为，美国必须与盟友和伙伴国家紧密合作，同时与中国、俄罗斯等竞争对手进行有选择的、务实的合作。兰德公司发布空军委托的《人工智能的军事应用：不确定世界中的伦理问题》研究报告，建议继续强化美国在人工智能军事应用领域的主导优势，加强军用人工智能技术的伦理研究，在技术和政策方面与盟国开展更广泛的合作。

第七，加强对关键战略技术的保护，确保美国技术优势不被削弱。近年来，随着"美国优先"理念的扩散和影响，美国技术保护主义呼声日高，新美国安全中心《战场奇点：人工智能、军事变革与中国未来军事力量》《人工智能时代的战略竞争》、乔治敦大学安全与新兴技术中心《关于人工智能出口管制的建议》《人工智能与国家安全》、卡内基国际和平基金会《在技术和创新方面与中国竞争》等均建议限制人工智能及其他新兴技术的非法转让。其中，新美国安全中心建议改革外国投资委员会，扩大对中国高技术投资的评估；《人工智能时代的战略竞争》报告建议美国应采取适当的改革，以保护人工智能的关键国家优势，包括保护知识产权不被窃取、限制敏感技术的出口。乔治敦大学安全与新兴技术中心《人工智能与国家安全》报告建议，必须仔细研究和严格执行出口和投资管控措施，以阻止敏感的人工智能技术被转让给中国。

第三节　智库对美军人工智能与防务问题的咨询作证

美国知名智库的目光并不局限于自身政策思想理念为政府短期采纳，更寻求借助立法听证，使思想理念融入国家的规章法律，发挥深入、长期的影响力。美军人工智能战略发展进程中，美国国会召开了一系列新兴技术及人工智能主题听证会，邀请相关智库专家参与作证。

一、美国会立法听证概况

听证的本意是听取意见，听证制度最早发端于英国，出现于司法审判领域，主要用于保证司法运作的公平性。听证传入美国后，扩展到立法和行政体系，被用作提升立法与行政民主化程度以及广泛获取相关信息的有益方法。

听证是国会立法的重要程序。美国国会的立法听证会由国会的委员会或小组委员会举行，每个委员会每年都会收到数十项甚至上百项议案，委员会有权决定是否举行听证、对哪些议案进行听证以及举行听证的次数。从小组委员会研究方案开始，一般都要举行听证会，邀请所涉领域的专家、非政府组织代表和政府官员等作证。为了表明公正立场、吸引舆论和公众的注意力，举行听证会的委员会或小组委员会会邀请知名度较高的人士参加。

国会委员会的听证会主要分为四类：立法听证会、监督听证会、调查听证会和确认听证会。在国会拟针对某一问题采取措施的情况下，委员会通常会举行立法听证会，围绕有关措施收集信息，以期协助挑选议案、进行辩论或投票表决修正案，并向议院提交立法报告。举行立法听证会这一决定本身即说明所选问题值得委员会投入时间和精力，不必一定要以议案的提出为前提。对行政部门进行监督是国会的职责之一，监督听证会即是为履行这一职责而举行的听证会，主要对行政部门公共政策执行情况进行审查和监督，或出于既定审查监督义务，或因为委员会认为有关项目、计划管理不善或有关机构未能尽职。调查听证会通常涉及公职人员行为过失，或者公民或私营实体的行为需采取立法补救措施。确认听证会主要对总统提名的行政部门和司法机构职位进行提名确认，是参议院各委员会独有权限。

表 5-1　美国国会参众两院所属委员会基本情况表

众议院	参议院
常设委员会	
农业委员会	农业、营养与林业委员会
拨款委员会	拨款委员会
武装力量委员会	武装力量委员会

众议院	参议院
预算委员会	预算委员会
教育与劳工委员会	卫生、教育、劳工与养老金委员会
能源与商务委员会	商务、科学与交通委员会
道德委员会	环境与公共工程委员会
金融服务委员会	金融委员会
外交事务委员会	外交关系委员会
国土安全委员会	国土安全与政府事务委员会
住房管理委员会	银行业、住房与城市事务委员会
司法委员会	司法委员会
自然资源委员会	能源与自然资源委员会
规则委员会	规则与行政管理委员会
退伍军人事务委员会	退伍军人事务委员会
小企业委员会	小企业与创业委员会
科学、太空与技术委员会	
交通与基础设施委员会	
方法与手段委员会	
监督与改革委员会	
特别委员会及其他委员会	
情报事务永久性特别委员会	情报特别委员会
气候危机特别委员会	国际麻醉品管制核心小组
国会现代化特别委员会	老龄化问题特别委员会
	道德特别委员会
	印度事务委员会
联合委员会	
印刷联合委员会	
税收联合委员会	
图书馆联合委员会	
联合经济委员会	

资料来源：美国国会网站。

二、美军人工智能战略发展决策中的国会听证会

美军人工智能战略制定过程中，相关主题听证会一般由国会参、众两院武装力量委员会主持召开。两院武装力量委员会负责审查、批准国防和军队建设规划、项目编制计划和预算，并通过《国防授权法案》。经统计，2017、2018、2019三年间，众议院武装力量委员会分别举行51、71、62场听证会，参议院武装力量委员会分别举行87、70、72场听证会。其中，以人工智能的具体发展建设为主题的听证会一般由国防部及军方官员作证。比如，2018年12月，众议院新兴威胁与能力小组委员会举行"国防部人工智能结构、投资与应用"听证会，国防部研究与工程副部长帮办、国防部首席信息官出席作证；2019年3月，参议院新兴威胁与能力小组委员会举行"国防部人工智能计划"听证会，国防部国防高级研究计划局副局长、国防创新小组主任、联合人工智能中心主任出席作证。智库所参与的人工智能听证会主要为立法听证会。智库既非政府部门，也非科研机构，其一般凭借自身研究积累，从国家安全、社会经济等层面，为国会委员会具体设置的听证会议题，提供战略性、方向性的建议。

随着特朗普政府上台后，陆续发布《国家安全战略》《国防战略》，强调大国竞争（将中国、俄罗斯确定为大国战略竞争对手），以及维持美国在经济、外交、科技、军事等方面的绝对领导力，两院武装力量委员会从大国竞争的视角召开了一系列与人

工智能及新兴技术相关的听证会，听取国防与国家安全领域拥有相关研究特长的智库专家意见，特别强调在人工智能领域与中国的竞争。

2018 年 8 月，众议院武装力量委员会新兴威胁与能力小组委员会召开"中国追求新兴及指数级发展技术情况"听证会，新美国安全中心、战略与国际问题研究中心、传统基金会专家出席作证。新美国安全中心保罗·夏尔作证称，中国已是仅次于美国的全球人工智能领导者；中国国务院 2017 年 7 月发布《新一代人工智能发展规划》，寻求到 2030 年人工智能理论、技术与应用总体达到世界领先水平，成为世界主要人工智能创新中心。他认为，中国在高科技竞争中具有很多固有结构优势：既有老牌大型公司，又有充满活力的初创企业，还有潜在大规模人才可挖掘，同时也积极聘请顶尖国外人才弥补自身人才薄弱的短板。此外，中国日益网络化、数字化的巨大规模人口成为潜在数据的主要来源，而潜在数据正是信息创新的重要资源。中国相对于美国最大的优势之一，在于政府愿意在关键技术领域制定和实施大规模、长期投资计划。因此，他建议美国要重视中国执行技术发展长期战略的能力，并认真对待中国寻求成为人工智能等关键技术领域全球领导者的计划。战略与国际问题研究中心威廉·卡特认为，随着美国追求"第三次抵消战略"，中国也在寻求对美国当前军事技术优势的"第一次抵消"，投资美国正在投资的技术，挑战美国的地位。中国将网络、反卫星武器、电子战、高超声速武器、人工智能、量子等技术视为抵消美国优势、赢得未来战争的重要技术，并在所有这些领域取得了巨大进步，特别是在人工智能领域，中国的人工智能发展已与美国并驾齐驱。他建议美国着眼于近期和长期技术领导力应对中国的技术进步，包括制定维持技术优势的国家战略、投资长期基础研发、利用私营部门创新、确保世界领先的教育体系、投资未来人才等。

除两院武装力量委员会外，国会还有一些委员会管辖范围内也涉及人工智能问题。比如，美中经济与安全审查委员会[①]。

近年来，美中经济与安全审查委员会频繁围绕中国新兴技术发展对美国经济与国家安全的影响召开听证会。比如，2019 年 6 月，该委员会召开"技术、贸易与军民融合：中国追求人工智能、新材料和新能源情况"听证会。新美国安全中心艾尔莎·卡尼亚出席作证。她利用自身专业优势深度分析了中国军事创新面临的挑战与弊端，建议美国加大并持续投资基础研究和战略技术长期发展，通过教育部制定教育领域的人工智能战略，保持移民政策的开放性以吸引人才，拓展与盟友和伙伴的创新合作等，维持未来科技竞争力；进一步支持联合人工智能中心等国防创新计划，深化与大学及技术企业合作以促进创新等，谋求新兴能力优

---

① 美中经济与安全审查委员会是在国会常设委员会、特别委员会和联合委员会以外，根据《2001 财年国防授权法案》于 2000 年 10 月成立的相对独立的国会委员会，负责监控、调查并向国会报告中美贸易及经济联系给美国带来的国家安全影响。委员会 12 名成员由参议院多数党领袖、少数党领袖和众议院议长、少数党领袖共同任命。

势；采取措施防范技术转移、工业间谍等，保护创新生态体系安全。乔治敦大学安全与新兴技术中心海伦·托纳作证，建议提升人工智能研究人员和工程师赴美移民便利，支持人工智能标准的开发和落实，加强人工智能基础研究投资等，以此维持美国在人工智能领域的竞争力。

整体而言，美国会近两年召开的人工智能议题的听证会主要具有以下特点：国会委员会从议题设置上紧紧围绕科技博弈，将中国视为主要竞争对手；主要作证人员都对中国人工智能发展程度、优势与劣势进行过不同程度的深度研究；智库建议大致可归纳为制定国家整体战略、重视长期研发、加速技术转化与应用、加强人才培养与吸收、深化与政府内外及国际合作，升级科技保护力度。国会的立法听证会是国会委员会在立法决策早期阶段收集和分析信息的主要方法。智库在关键议题上提出的这些信息和建议，为委员会提供了价值判断的基础，对未来法律的形成发挥了潜移默化、不容小觑的影响力。

比如，在国防领域，《国防授权法案》是美国会年度通过、明确国防部预算和开支的联邦法律，为国防和军队建设提供了基本条件。美国防领域重大发展、改革、调整计划只有经过《国防授权法案》的预算授权，才有贯彻落实的经济基础。2017 年以来，共有 3 版《国防授权法案》对美国防部的人工智能工作提出了要求。《2018 财年国防授权法案》要求国防部建立机制，加快从大学等学术机构获取包括人工智能在内的重点领域技术人才和专业知识，支持国防部的任务。《2019 财年国防授权法案》主要提出两方面要求。一是推进联合人工智能研究、发展与转化活动：要求国防部确立一套人工智能技术开发、成熟化和作战应用的制度，任命专门协调国防部人工智能开发与验证活动的官员等。二是在联邦政府内设立临时性独立委员会——人工智能国家安全委员会，评估人工智能、机器学习及相关技术进展。《2020 财年国防授权法案》继续要求推进人工智能发展，包括制定人工智能教育战略及相应执行计划、赋予联合人工智能中心更加开放的人事管理权、延长人工智能国家安全委员会的任期，还要求了解对手的人工智能发展情况。在此基础上，该法案特别强调统筹加强科技保护力度：建立保护美国科学与技术的跨部门工作组；召开"国家科学、技术与安全圆桌会议"；监督外国对美国学术界的影响；保护高校国家安全学术研究人员不受不当影响及其他安全威胁；制定有关中国在美开展影响行动的年度报告；等等。

从美国《国防授权法案》的预算规划来看，2017 年以来，美国会对国防部人工智能发展的关注从加快技术知识和人才获取，到加快技术转化与实际应用、加强外部咨询与评估，再到了解对手的发展情况、全面统筹科技保护，在推进人工智能本身发展和应用的同时，日益聚焦战略竞争，这与美国会近年来召开的一系列相关主题听证会，参与作证的智库专家强调对手（特别是中国）在人工智能发展速度和势头有着不可忽视的因果关系。

第六章　美军人工智能战略发展思想的人员传带和实现

　　智库提出关于人工智能发展的思想和建议，目的是能够被政府决策者采纳，进而变成公共政策，落实到社会治理过程中。智库向决策者传递思想和建议的路径很多，利用"旋转门"机制和政府决策咨询网络中能够影响决策者的关键人物进行传带，无疑是智库有效发挥其智囊作用极具特色的重要路径。近年来，美国众多智库都围绕人工智能战略发展为美军建言献策，但新美国安全中心的影响较为特别，不仅其首席执行官罗伯特·沃克曾担任国防部常务副部长，而且该中心还成立了专门研究团队，研究成果在美军人工智能战略发展上发挥了重要影响。本章主要以新美国安全中心为典型代表，对智库关于人工智能发展思想的人员传带和实现进行分析。

第一节　基于人员传带的智库思想实现路径

智库的思想要变成现实，通过人员进行传带而进入决策层非常重要。一般来说，这种基于人员的传带有直接传带和间接传带两种，直接传带主要是指智库人员通过"旋转门"机制进入决策层，再直接利用位置与权力所形成的"势能"，把思想变为战略、政策或行动；间接传带指通过关键中间环节将思想建议向决策层传带，这里主要指智库利用美国政府根据决策需要成立的决策咨询组织，通过决策咨询委员会专家网络，将其思想和建议向决策层进行传带。

一、直接传带的"旋转门"机制

智库在美国往往被称为立法、行政、司法和媒体以外的"第五权力中心"，美国智库的决策影响力很大程度上来源于"旋转门"机制。"旋转门"机制是基于美国政治结构的特殊性和人员流动的活跃性，治理美国的精英人士在智库、企业、政府、大学等机构之间进行转换，社会身份和角色功能也随之改变，就好像走旋转门一样。虽然这些进入"旋转门"的人士的工作地点、环境、要求等发生变动，但是，这些人的理念、能力、经验，甚至偏好得到迁移和转化，前一种或前几种任职经历中的思想理念会借助新的平台得到强化和实现。

对美国智库来说，"旋转门"机制往往是指思想界和政界人员的身份转换。这种转换可分为两种情况：一是政界人员进入智库，成为智库政策研究和政策影响的源头活水。这是美国政治制度、智库性质和个人职业理想等多方面因素决定的。在美国政治体制下，共和党和民主党轮流执政，每次换届选举都会使一批新的人员重组行政班子，同时大批行政官员离任，加之美国政府人员流动相对也比较快，很多离开政府、具有强烈社会治理理想的人员，都愿意把去向与政策和管理相关的研究机构作为自己的重要选择，智库政策研究的性质也需要这些熟悉政策制定过程、了解政策运行规律的人开展高水平研究工作，进一步提升政策影响力。二是智库人员进入政界，将自己的政策理念、研究成果、思想倾向借机转化融入治理实践。第二种情况是智库人员进入政界任职，将智库的思想、成果传带到政府部门，将智库政策建议通过政策过程变为政府行为。智库政策思想的人员传带和实现的方式较多，从新一届总统选举时进入竞选班子，到融入重要人际圈随时填漏补缺，再到形成强大的政策影响力，都能够为智库发挥策源作用提供机遇和条件。

通过竞选换届，谋得新一届政府重要职位。美国总统和国会议员都有任期，总统四年一个任期，议员两年一个任期，总统选举、国会选举往往导致数万人的工作变动。特别是总统选举，候选人要提前组建竞选班子，吸收大量各界人士参加，帮助候选人出谋划策，制定选举和施政纲领，候选人竞选成功就任后，可以任命包括内阁各部部长、副部长、部长助理，独立机构负责人，总统办事机构负责人等高级官员，帮助竞选的人员往往近水楼台先得月，能够谋取一个比较不错的职位。"智库学者对总统候选人的帮助，可成为学者进入胜选候选人组建政府的垫脚石。尽管存在因支持一位候选人而丧失客观性的风险，但为获胜候选人提供建议能够带来巨大的政治红利。"[1] 例如，在奥巴马第一任期开始时，一批身处智库或大学等待时机的民主党人纷纷出任新政府中的要职，得克萨斯大学约翰逊公共政策学院院长詹姆斯·斯坦伯格出任常务副国务卿，新美国安全中心总裁科特·坎贝尔出任东亚和太平洋事务助理国务卿，布鲁金斯学会的杰弗里·贝德出任国家安全委员会亚洲事务高级主任，兰德公司的麦艾文跻身国家安全委员会负责中国事务。这些智库人员履新后，往往充分利用智库的资源和思想，尽力实现自己的宏图大略。

融入重要人际圈，等待进入政界的机会垂青。美国众多智库不仅容纳了大量从政府换届中退出的官员，而且吸引了一批年

---

[1]〔美〕詹姆斯·G.麦甘：《第五阶层：智库·公共政策·治理》，李海东译，中国青年出版社 2017 年版，第 86 页。

轻且富有才干的新锐人才。这些人具有强烈的社会责任和政治抱负，热衷于利用经世致用的研究成果和政策建议影响政府决策，他们通过智库所提供的广阔平台，在互动交流和政策讨论中，广泛接触政府人士，逐步融入包括政府官员、资本大亨、媒体人士等在内的人际圈，一旦政府用人的机会来临，他们就可以通过关系密切渠道、关键人物推荐等途径，展示自己，把握时机，走上政府机构重要岗位，甚至政策制定者的位置。"美国有 1800 多家智库，这意味着当政治家和决策者寻找填补重要空缺职位的人选时，他们可以在有各式各样思想的众多智库中加以挑选。"① 曾长期担任美国国防部净评估办公室主任的安德鲁·马歇尔，原在兰德公司从事分析工作，受时任国家安全顾问亨利·基辛格的邀请，进入国家安全委员会，不久又进入国防部，利用净评估方法形成了多项影响重大的成果。

主动提供引人注目的咨询建议，通过造势和影响受到广泛关注。很多智库并不是从开始成立时就得到政府部门的器重，在竞争激烈的美国智库界，出类拔萃也需要拿出契合政府需要的成果，而这些成果有可能成为打开"旋转门"的钥匙。利用智库研究成果制造影响、扩大影响，然后再引起当政者的注意，进而向政府部门输送人员，这种途径也是智库发展的重要选择。这时，

---

① ［美］詹姆斯·G. 麦甘：《第五阶层：智库·公共政策·治理》，李海东译，中国青年出版社 2017 年版，第 78 页。

咨询建议或者政策建议就成为敲门砖，能够吸引当政者予以关注。传统基金会曾于 1980 年推出长达 1093 页的《领导人的职责》研究报告，该报告当时成为里根政府人员的手册性参考书，在 20 世纪 80 年代产生了重要影响。新美国安全中心作为 2007 年成立的新锐智库，发布的《行动理念：给第 25 任国防部长的建议》《人工智能：决策者须知》等，都是借用时机扩大影响，在奥巴马当政时期，新美国安全中心受到特别青睐，多人先后进入政府重要部门任职。

二、间接传带的决策咨询组织网络

美国政府有十分庞大的决策咨询组织，还专门有《联邦咨询委员会法》（FACA）进行规范，总统和联邦政府机构都可以设立或"利用"委员会或类似群体，为政府提供意见或建议，这些委员会组织的成员包括一个或多个非全职联邦雇员。美国政府的决策咨询组织有相对长期且固定的，比如美国国防科学委员会，该委员会成立于 1956 年，主要就国防科学与技术问题向国防部高层领导提供决策支持；也有临时任命的，主要就某一重大问题进行调查和咨询，比如 1985 年美国针对国防采办等问题而成立的帕卡德委员会，历时近一年时间调研分析，从管理机构设置、采办程序调整等方面提出建议，于 1986 年促成了影响重大的《国防部改组法》。

　　这些咨询组织由政府组建，面向直接需求，为特定领域问题服务，咨询建议的影响力度很大。同时，组织成员层次高、代表性强，均为某一领域知名人士，在学术界、咨询界等具有较为广泛的影响力。而且，这些成员大都是兼职参加，通常可能参与多个部门的咨询组织，形成了影响较广的决策咨询组织网络。智库通过邀请这些人士参加研究团队或者参与咨询，能够使智库的思想和建议不断接近决策层。

　　随着人工智能、大数据等新兴技术领域迅猛发展，商业领域创新的引领性和影响力不断凸显。为了充分利用美国商业领域的

表6-1　国防创新委员会成员简表

姓名	委员会职务	社会职务
埃里克·施密特	主席	谷歌母公司 Alphabet 技术顾问
亚当·格兰特	成员	沃顿商学院教授
迈克尔·麦奎德	成员	联合技术公司科技高级副总裁
丹尼·希利斯	成员	应用发明公司联合创始人
威廉·麦克雷文	成员	得克萨斯大学校长
里德·霍夫曼	成员	领英网联合创始人
米洛·梅丁	成员	谷歌主管访问服务的副总裁
沃尔特·艾萨克森	成员	国际非营利智库阿斯本学会总裁兼首席执行官
理查德·默里	成员	加州理工学院教授
埃里克·兰德	成员	布罗德研究所现任总裁及创始董事
珍妮佛·帕哈卡	成员	无党派、非政治性组织美国代码执行董事及创始人
马恩·莱文	成员	Instagram 首席运营官
奈尔·德葛拉司·泰森	成员	海顿天象馆馆长

资料来源：国防创新委员会官方网站（2017 年 5 月数据）。

思想、技术和经验，2016 年 3 月，美国国防部成立国防创新委员会，主席由谷歌母公司执行总裁担任，其余 12 名成员包括联合技术公司、应用发明公司等顶尖企业高管，主要职能是向国防部长和常务副部长提供独立建议，促使国防部采取创新手段解决美军面临的重大问题。成立以来，该委员会提出的多项建议已被国防部长采纳。

2018 年 8 月，根据《2019 财年国防授权法案》要求，美国正式组建人工智能国家安全委员会，委员会主要就国会和政府有关人工智能关切提供建议，咨询内容包括：保持美国人工智能和量子计算机技术的领先地位；鼓励私营企业投资人工智能；劳动力教育和奖励计划，与人工智能军事化有关的风险；人工智能的伦理问题；建立鼓励开放源码共享数据的"数据标准"；制定与人工智能相关的隐私和安全措施等。委员会由 15 名成员组成，经国会领导人、国防部长和商务部长任命产生，主席由国防部前常务副部长、新美国安全中心高级合伙人罗伯特·沃克和谷歌母公司 Alphabet 技术顾问埃里克·施密特共同担任，成员来自知名企业、大学等机构。该委员会计划到 2020 年 10月结束使命，运行时间 22 个月，其间将定期召开会议，并至少发布三份报告。

表 6-2　人工智能国家安全委员会成员简表

姓名	委员会职务	社会职务
埃里克·施密特	主席	谷歌母公司执行总裁
罗伯特·沃克	主席	美国国防部前副部长、新美国安全中心高级合伙人
萨夫拉·卡茨	成员	甲骨文公司联合 CEO
安迪·雅西	成员	亚马逊公司网络服务 CEO
安德鲁·摩尔	成员	谷歌云人工智能部门主管
埃里克·霍维兹	成员	微软公司首席科学家
何塞·玛丽·格里菲斯	成员	达科他州立大学校长
肯·福特	成员	佛罗里达人类与机器认知研究所 CEO
史蒂夫·钱恩	成员	加州理工学院喷气推进实验室人工智能研究部门主管
克里斯特·达比	成员	In-Q-Tel 投资公司 CEO
詹森·马西尼	成员	美国情报高级研究计划局前局长
威廉·马克	成员	"SRI 国际"信息与计算科学部主任
卡特里娜·麦克法兰	成员	管理咨询公司柏科国际顾问
吉尔曼·路易	成员	风投公司阿尔索普路易合伙公司
米尼翁·克莱本	成员	索罗斯旗下"开放社会基金会"合伙人

资料来源：人工智能国家安全委员会官方网站（2020 年 9 月数据）。

第二节　基于"旋转门"的关键人物

在美军人工智能战略发展过程中，有许多具有"旋转门"经历的重要人物，他们利用智库与政府部门的身份变换，积极倡导推行人工智能发展。从新美国安全中心到国防部常务副部长的罗伯特·沃克就是这样一个关键人物，他的经历给"旋转门"机制进行了生动而典型的诠释。直到现在，沃克还活跃在美国以及美军人工智能发展的前沿，通过参加访谈、著书立说、参与咨询等方式，不断传播关于人工智能军事应用的思想和建议。

罗伯特·沃克生于 1953 年 1 月 17 日，1974 年从伊利诺伊大学毕业，获得生物学学士学位。同年 8 月，沃克加入美国海军陆战队，被授予少尉军衔。2001 年以上校军衔退役，服役 27年。服役期间，沃克先后进入南加州大学学习系统管理专业、约翰·霍普金斯大学保罗·尼采高级国际问题研究院学习国际政治专业，并分别获得硕士、博士学位。

一、在智库和国防部门经历丰富

沃克长期在海军陆战队基层工作，指挥过炮兵营，也曾在美军驻日本富士基地担任基地指挥官。由于喜欢研究思考战略问题，他逐步进入海军陆战队管理层，担任过专门为海军陆战队司令提供政策分析和建议的战略咨询小组第一任组长，鉴于工作出色，后来又成为时任海军部长理查德·丹奇格的高级助手。

2001年退役后，沃克受邀加入著名智库战略与预算评估中心，先是担任研究海洋问题的高级研究员，后来晋升为负责战略研究的副总裁。在战略与预算评估中心的7年间（2001—2008年），沃克受聘担任乔治华盛顿大学兼职教授，讲授防务分析课程，还曾参与美国国防部净评估办公室的兵棋推演以及全球基地态势研究，并为美国防部制定2006年《四年一度防务评审》报告提供政策咨询。

2008年，奥巴马当选总统后，沃克被委以重任，以国防部过渡团队成员的身份，担任海军部事务负责人。2009年5月，沃克正式出任海军部副部长，负责海军建设、军备采购、战略规划等领域的工作，直至2013年3月离职。离职之前，沃克被授予"海军卓越公共服务勋章"，这是美国海军授予文职官员的最高奖励。

2013年，沃克加入智库新美国安全中心，担任首席执行官。沃克敏锐洞察新兴技术对国家安全的影响力，在新美国安全中心设立了技术与国家安全等工作任务组，开拓了业务范围，有效提升了新美国安全中心在智库界、战略界和政策界的影响力。

2014年4月，经奥巴马总统提名并经国会参议院通过，沃克正式就任美国国防部常务副部长，成为五角大楼二号人物。担任副部长期间，沃克历经哈格尔、卡特、马蒂斯三任部长，每任部长对其都评价甚高。卡特上任后，对重视技术价值的沃克惺惺相惜，格外器重，于2015年2月18日签发新版国防部指令，重新界定国防部常务副部长的职责与权限。其中明确，国防部常务副部长拥有完整的权力为国防部长工作，有权就所有国防部长职权范围内的事务行使国防部长职权。2017年特朗普提名马蒂斯担任国防部长后，仍旧让沃克担任常务副部长，成为国防部少数留任高官之一，直至2017年4月沃克才离任。

离开国防部常务副部长职位之后，沃克依旧醉心于国家安全与新兴技术问题，重新回到新美国安全中心，并参与了多个人工智能军事应用战略问题研究，参加了美国人工智能国家安全委员会并担任共同主席，对美国高层在人工智能方面的决策时常提出建议。

二、长期专注战略问题研究

沃克虽然大学学习生物学专业，且长期在海军陆战队基层摸爬滚打，但他始终钟情于战略问题研究，在海洋军事战略和新兴技术战略方面提出了一系列创见，对防务领域影响很大。

沃克长期在海军陆战队服役，并担任过海军陆战队司令高级助手，对海洋的军事战略价值认识颇深。从海军陆战队退役后，沃克进入战略与预算评估中心，主要研究国防战略、战争演变、国防部转型、海洋安全等问题。2003 年，沃克与安德鲁·克里平内夫奇、巴里·瓦特斯合作完成研究报告《应对"反介入"和"区域拒止"挑战》，在战略界最先提出美国未来必将面对日益增加的"反介入 / 区域拒止"挑战。凭此研究报告，沃克一举成名，也正是在战略与预算评估中心的七年间，沃克逐渐在美军战略思想界声名鹊起。[①]

受马汉"海权论"影响，加之长期在海军陆战队、海军部工作，沃克特别推崇"依海制陆"思想。2008 年，在其研究报告《美国海军：绘制面向未来的舰队路线图》中，沃克就提出"将亚太作为美国海上力量建设假想目标"的观点。2014 年担任国防部常务副部长后，沃克大力倡导实施"空海一体战"构想，协助推进"亚太再平衡"战略。沃克认为，由于亚太地区海域广阔、主要国家都在大力发展海军，"亚太再平衡"战略的关键就在于如何有效地运用美国海上力量。通过部署现代化的更加灵活的舰船及武器系统，美军才能在不增派大量兵力的情况下，有效覆盖亚太广阔地区，第一时间应对各类突发事件。

---

① 李岩：《美国防部新任常务副部长沃克》，《战略研究参考》2014 年第 8 期。

沃克服役期间，海湾战争打响，以隐身、精确制导等为标志的新技术在战争中发挥了重要作用，让沃克对技术的军事价值有了更加直观而深切的感受，用技术优势塑造军事优势成为他的重要战略思想。从海军到战略与预算评估中心，再到国防部担任常务副部长，沃克强烈感受到，随着新兴技术的不断涌现，以及中国、俄罗斯等国家军事技术的快速发展，美军的军事优势受到严重挑战，美军必须未雨绸缪，抓紧研发关键军事技术，力争尽早实现新一轮的技术创新，掌握"可改变游戏规则的技术"。尤其在削减军费的背景下，美军更应将确保军力优势的重点置于集中投入研发新的军事技术，例如自动化、人工智能、微型化等具有军事应用潜力的新兴技术。

人工智能是沃克关注的重点技术领域。2014年1月，仍在新美国安全中心任职的沃克与肖恩·布雷姆利合著研究报告《20YY：为机器人时代的战争做好准备》，在美国防务圈内引起广泛关注。沃克在这份报告中指出，美军未来多年会持续面临人员开支不断膨胀、国防预算持续紧缩的困境，为此有必要发展费用较低、攻击能力强大的作战平台，这一作战平台应是以机器人、无人机、水下无人航行器等自动化武器系统为中心的全新作战平台。他认为，由于技术飞速发展，"机器人战争将不再只是科幻小说中的场景"，尽管目前尚无法对这一全新战争模式的时间作出预测，但美军应先行在一些领域付诸实践。同时，基于机器人时代战争的潜在安全环境，美国应对国防战略中威慑、遏阻等核心观念提前规划，并研究其对美军全球布局、战争决策过程等可能产生的战略影响。

三、积极倡导推动人工智能应用

沃克基于其一贯的技术思想，在担任国防部常务副部长后，大力倡导推动人工智能、无人系统的研究与应用。2014年4月底上任后，沃克积极投身"第三次抵消战略"推行之中，并利用不同场合多次强调人工智能、无人系统的重要作用。在2014年8月美国国防大学毕业典礼上，沃克强调"第三次抵消战略"中技术的重要性；在2015年9月参加英国国际防务与安全论坛时，沃克提出"第三次抵消战略"将重点依靠机器人、自主运行载具、制导及控制系统、生物技术、可视化、小型化、先进计算、大数据分析及增材制造等商业技术；在2016年5月出席大西洋理事会"全球战略论坛"年度会议时，沃克在发表主旨演讲时提出，"第三次抵消战略"本质上很简单，它假定人工智能及自主技术的进步将带来一个新的人机协作及人机作战编组时代。

沃克对无人系统的应用非常重视，2016年4月，由美国国防高级研究计划局负责的"反潜战持续跟踪无人艇"（ACTUV）项目，在完成系统集成和初步海试后，正式被命名为"海上猎人"号，标志着该项目由设计和建造阶段转向由美国海军研究实验室和美国国防高级研究计划局联合开展的开放海域试验阶段。沃克亲自出席命名仪式，并表示这种长航时无人艇代表了自主航行及人机协作的突破，可颠覆当前的反潜战模式，将在美国海军未来反潜战任务中发挥重要作用。

沃克任职国防部常务副部长期间，有关人工智能的重大事件都打上了其个人思想烙印。2015 年 7 月 2 日，沃克签署成立"国防创新实验小组"备忘录，"国防创新实验小组"主要负责加强国防部与高科技初创企业及企业家在前沿知识和创新技术方面的交流，特别注重引入人工智能领先企业技术，第一个工作地点设在硅谷，后续又在波士顿等地设立分支机构。2017 年 4 月 26 日，沃克签发备忘录，成立算法战跨职能小组，统一领导美军"算法战"相关概念及技术应用研究，加快人工智能、机器学习技术在情报分析领域的应用。2017 年底，美军在中东秘密地点首次运用算法成果，帮助自动识别"扫描鹰"小型无人机所拍视频，通过数千小时的算法训练，目标识别准确率从 60% 提高到 80%。当前，算法战正在从情报分析逐步向辅助决策、智能指挥、后勤保障等领域扩展。

沃克重视人工智能的思维偏好对国防部人工智能战略发展形成较为深刻的影响，国防部负责研究与工程的助理部长米勒在 2018 年 3 月 14 日向众议院武装力量委员会新兴威胁与能力小组委员会提交的证词显示，国防部每周都举行例会，来自国防部内部 40 个部门的与会代表共同探讨各自开展的人工智能活动及其需求，从而了解目前的资源投入情况，使人工智能方面的工作成果可服务于《国防战略》和其他所需领域。

离开国防部后，沃克回到智库和战略界，依然推行其在人工智能方面的理念和建议。2018 年 6 月 19 日，新美国安全中心发布题为《人工智能：决策者须知》报告，前言部分由沃克亲自撰写。该报告是新美国安全中心人工智能与国际安全系列报告的第一份。接下来还陆续发布《人工智能与国家安全》《人工智能时代的战略竞争》两份系列报告，该系列报告由新美国安全中心人工智能与国家安全工作组负责，沃克和卡内基梅隆大学的安德鲁·摩尔博士担任共同主席。不仅对新美国安全中心的报告，而且对其他机构有关人工智能的报告，沃克都利用时机撰写序言，发声倡导。2017 年底，美国 Govini 数据与分析公司发布了《国防部人工智能、大数据与云技术分项支出》报告。该报告由沃克作序，分析了美国防部 2012—2017 财年在人工智能、大数据与云技术三大技术领域的支出情况，指出美军正逐步提升三大技术领域的经费支出，并为美军规划未来人工智能和自主系统领域的预算投资提出相关建议。

作为人工智能的倡导者，沃克还应邀参加了美国国家和国防部层次多个咨询组织。美国人工智能国家安全委员会是根据《2019 财年国防授权法案》成立的高级咨询组织，其主要职责是着眼满足美国国家安全和国防需要，提高美国竞争力，审查全美范围内人工智能、机器学习开发和相关技术的进展情况，为国会和白宫提交人工智能报告，就国会和政府有关人工智能关切提供建议。委员会由 15 名成员组成，经国会领导人、国防部长和商务部长任命产生，沃克和谷歌母公司 Alphabet 技术顾问埃里克·施密特共同担任主席。

第三节　基于多角色的研究团队和影响网络

人工智能涉及技术、军事、投资、法律、伦理等多个方面，同时还要考虑研究成果的影响力需求，因此，在选择和构建研究团队时，需要组织多方面的专家成员，这些成员不仅能够在研究中发挥作用，而且还具有广泛的人脉关系，能够形成多重角色的影响网络。新美国安全中心人工智能与国家安全工作组是这种研究团队构建的典型。

一、多角色与影响力

美国智库人员类型复杂多样，其中研究人员通常指学者、资深研究员、政策分析家、高级研究员等，有常驻研究员/学者、助理研究员、非常驻研究员或兼职学者之分。常驻研究员/学者属于智库的全职工作人员，非常驻研究员或者是兼职的，或者与智库签有固定费用的合同，通常不在智库工作，而在其工作地点（如大学）或者在家工作。助理研究员或者兼职研究员通常长期就职于几家或若干家智库，不属于智库的全职工作人员。美国智库研究人员的流动性较大，从一个智库到另一个智库，或者从智库到大学或政府部门都是常事，同时，研究人员参与社会和学术活动频繁，通常兼有政府、企业、大学或者其他组织的名号，这样就容易造成多角色现象。

智库研究团队构成经常呈现出多角色的特点，之所以如此，一是本身智库的人员都是多角色的，而且不是特别大的智库，常驻研究人员也不是非常多，采用多角色方式比较合适；二是智库研究的问题既具有专业性，也具有综合性，而且大都是社会性问题，涉及面比较广，需要在人员组成上呈现多结构、多专业的特点；三是人际网络方面的考虑，为了深入研究问题，智库常常会组织很多研讨，吸收政府部门、企业、大学、基金会等机构的人员参加，部分人员也会受邀加入研究团队，为以后智库的研究建议能够影响决策做好铺垫。

多角色可分为横向多角色和纵向多角色。横向多角色是指研究人员拥有的除固定身份职务之外的社会头衔、兼职名称等，纵向多角色是指研究人员从接受高等教育以后所经历的职务、兼职等。横向多角色注重的是现在，反映的是目前的社会关系网络，纵向多角色关注的是过去的身份经历，体现的是研究人员在不同机构、部门的经历和身份的变化。两种多角色现象对研究人员的人际网络和研究能力都具有很大的影响。多角色的智库研究团队构成会对成果的应用价值和智库的影响力产生作用。多角色的研究人员经验丰富、阅历广泛，在不同专业的协同研讨下，能够有效提升研究成果的水平和质量。多角色的研究人员具有多方面人脉关系，与政府有紧密关系的人员通常可以向政府推荐智库思想和成果，与企业、基金会有紧密关系的人员也可以通过研讨过程，对智库形成良性评价，为智库筹资提供条件。

二、多角色例证分析

新美国安全中心人工智能与国家安全工作组是一个典型的多角色组合研究团队，根据新美国安全中心网站（2020 年 2 月）显示，共有 32 人，其中共同主席两人，分别是罗伯特·沃克和计算机科学家安德鲁·摩尔。

表 6-1　新美国安全中心人工智能与国家安全特别工作组成员基本情况

	姓名	社会职务	主要经历
主席	罗伯特·沃克	新美国安全中心杰出资深研究员	美国海军陆战队服役 战略与预算评估中心副总裁 海军部副部长 新美国安全中心首席执行官 国防部常务副部长
	安德鲁·摩尔	谷歌云人工智能部门主管	卡内基梅隆大学计算机科学学院院长

	姓名	社会职务	主要经历
组长	保罗·夏尔	技术和国家安全项目主任、工作组执行总监	陆军特种作战部队服役 国防部负责政策的副部长特别助理
	迈克尔·霍洛维兹	工作组研究总监	国防部负责政策的副部长办公室工作
成员	伊拉姆·阿里	亚马逊网络服务国防与国家安全公共政策负责人	美国国防情报局职员 众议院情报事务永久特别委员会和参议院情报特别委员会工作人员 BAE 系统公司政府关系、情报安全总监 国防部长办公厅立法事务主管 白宫国防部联络官
成员	汤姆·阿塞诺	BAE 系统公司首席运营官	未掌握
成员	詹姆斯·卡利尼	Leidos 首席技术官	国防高级研究计划局特殊项目办公室主任 诺斯罗普·格鲁曼电子系统公司高级开发计划副总裁 国防科学委员会的成员
成员	查尔斯·克兰西	MITRE 项目与技术中心情报项目副总裁	国家安全局职员 休姆国家安全和技术中心执行主任 弗吉尼亚理工大学网络安全教授
成员	杰克·克拉克	OpenAI 非营利组织政策总监	未掌握
成员	艾力沙·库珀	思科 Internet 工程任务部（IETF）主席	民主与技术中心首席计算机科学家 思科 Internet 工程任务部技术高管
成员	瑞贝卡·克鲁托	里士满大学法学院助理教授	耶鲁大学法学院博士 技术法专家

续表

	姓名	社会职务	主要经历
成员	杰西卡·纽曼	未来生活研究所人工智能政策专家	加州大学伯克利分校长期网络安全中心研究员
成员	埃德·费尔顿	普林斯顿大学计算机科学和公共事务教授	美国联邦贸易委员会第一任首席技术专家 白宫科技政策办公室副首席技术官 普林斯顿大学信息技术政策中心创始主任
成员	凯瑟琳·费舍尔	塔夫茨大学计算机科学系主任	国防高级研究计划局项目经理 斯坦福大学计算机科学系教授 AT & T 实验室技术专家
成员	米歇尔·弗卢努瓦	CNAS 董事会成员，West Exec Advisors 首席执行官	国防部负责战略的助理部长帮办 国防部负责战略和威胁化减的助理部长首席帮办 国防大学（NDU）国家战略研究所教授 新美国安全中心联合创始人 国防部负责政策的副部长 战略咨询公司 West Exec Advisors 联合创始人
成员	克里斯托弗·亨氏	亨氏基金会顾问委员会主任	PNC 银行高级副总裁 能源和国防等领域风险投资人
成员	蒂姆·黄	哈佛 - 麻省理工学院伦理与人工智能项目主管	Google 人工智能和机器学习全球公共政策负责人
成员	贾米尔·贾佛	国家安全研究所创始人、乔治·梅森大学国家安全法律与政策项目主任	参议院外交关系委员会和众议院情报委员会高级职员 司法部国家安全领导小组任职 乔治·W. 布什总统的副顾问 IronNet 网络安全公司战略、伙伴关系与企业发展副总裁

	姓名	社会职务	主要经历
成员	阿什莉·洛伦斯	约翰·霍普金斯大学应用物理实验室智能系统中心主任	未掌握
成员	詹森·马西尼	乔治敦大学安全与新兴技术中心主任	牛津大学、普林斯顿大学工作 世界银行高级职员 国家情报局助理局长 情报高级研究计划局局长 国家人工智能安全委员会成员 白宫人工智能特别委员会成员
成员	沃尔特·帕克斯	电影制片人、作家	梦工厂工作室负责人 "技术惊悚"类电影编剧先驱 虚拟现实公司 Dreamscape Immersive 的联合创始人兼董事长
成员	托德·罗森布拉姆	大西洋理事会高级研究员	中央情报局和国务院分析师 参议院情报特别委员会高级职员 国土安全部负责情报的副局长帮办 国防部负责国土防御的代理助理部长 IBM 国家安全项目和战略执行官
成员	托马斯·桑迪豪姆	卡内基梅隆大学计算机系教授	人工智能研究专家 战略机器人公司创始人兼首席执行官
成员	劳伦斯·舒特	洛克希德·马丁公司全球科学技术协作总监	海军科学、技术、工程和数学项目部主任 海军研究局研究部主任
成员	萨瑞·斯沃尔	In-Q-Tel 负责政策的执行副总裁	哈佛大学任教 国防部负责维和事务的助理部长帮办 国务院负责公民安全、民主与人权事务的副国务卿

续表

	姓名	社会职务	主要经历
成员	乔希·沙利文	Booz Allen 高级副总裁	软件公司高管 联邦政府工程技术人员
成员	克里斯·惠特洛克	德勤人工智能与任务分析常务董事	陆军步兵军官 中央情报局军事分析员
成员	希文·兹利斯	OpenAI 项目主任和顾问	创新颠覆实验室人工智能孵化器研究员 埃尔伯塔机器智能研究所董事会成员
观察员	特拉·莱昂斯	人工智能伙伴关系组织创始执行总监	奥巴马政府时期白宫科技政策办公室首席技术官政策顾问 Mozilla 基金会技术政策研究员
研究团队	马丁·拉瑟	技术和国家安全项目高级研究员	中央情报局高级情报官和分析师 国防部长办公厅高级顾问 中东高级军事指挥官的特别顾问 国家情报委员会（NIC）工作组副主席 人工智能初创公司 Kyndi 分析总监
	艾尔莎·卡尼亚	技术和国家安全计划兼职高级研究员	中国军事创新研究专家 卡内基－清华全球政策中心青年学者 哈佛大学博士
	布伦丹·麦考德	技术和国家安全计划兼职高级研究员	美国海军潜艇部队服役 国防创新试验小组机器学习部门负责人

　　工作组汇集人工智能领域高层专家，人员阵容豪华。成员在美国人工智能研究领域都有很高的知名度，基本上是美国国内的一流专家。比如，查尔斯·克兰西博士是网络安全和人工智能交叉领域的国际公认专家，安德鲁·摩尔是美国著名的计算机科

学家，在机器学习和机器人技术方面具有专长，曾任谷歌云人工智能部门的负责人、卡内基梅隆大学计算机科学学院院长。蒂姆·黄是哈佛大学—麻省理工学院伦理与人工智能项目主管，曾担任 Google 人工智能和机器学习的全球公共政策负责人。

工作组人员职业领域和专业结构丰富多样，成员分别来自企业、大学、智库、政府机构等，有技术专家、法律专家、公共政策专家、伦理专家、基金会领导者，以及数据专家等，甚至还有专长于技术科幻的电影制片人，可以对人工智能问题进行多维度综合研究。企业界成员大都是大型军工企业或世界知名信息技术企业的高管，比如，伊拉姆·阿里是亚马逊公司网络服务国防与国家安全公共政策负责人，汤姆·阿塞诺是大型军工巨头 BAE 系统公司的首席运营官，劳伦斯·舒特是洛克希德·马丁公司全球科学技术协作总监。来自大学的学者大都任职于美国麻省理工学院、乔治敦大学、约翰·霍普金斯大学、卡内基梅隆大学等知名高校。

工作组人员多数经过政府、企业和智库历练，围绕安全轴线"旋转"特征突出。工作组成员米歇尔·弗卢努瓦是新美国安全中心前联合创始人兼首席执行官，目前担任董事会成员，长期在国防部任职，曾任国防部负责战略的助理部长帮办、负责战略和威胁化减的助理部长首席帮办、负责政策的副部长，谙熟国家安全和防务政策事务。保罗·夏尔曾在陆军特种作战部队服役，并担任过国防部办公厅政策研究人员，是《无人军队：自主武器与战争的未来》作者，牵头起草国防部 3000.09 指令《武器系统的自主性》。詹姆斯·卡利尼曾任国防高级研究计划局特殊项目办公室（SPO）主任、军工巨头诺斯罗普·格鲁曼公司高级开发计划副总裁，还是国防科学委员会的成员。布伦丹·麦考德曾在美国海军潜艇部队服役，国防创新试验小组机器学习部门负责人，加入国防创新试验小组之前，麦考德领导着一个由投资者比尔·盖茨、In-Q-Tel 和领先风险投资公司支持的深度学习研究组织，他还是勒克斯资本（Lux Capital）公司在机器学习和其他领域的早期技术风险投资人。

三、多角色中的影响力例证分析

多角色容易形成不同的关系网络，其中，与决策权力中心有紧密联系的关系网络，可以通过角色的转换，形成思想与建议的传导，最终对决策产生影响。"政策组织同政府之间更为直接和正式，也最重要的联系方式包括：在联邦咨询委员会中任职，得到总统委员会和国会委员会的特别任命，以及让政府官员和公司领袖在商业委员会和商业圆桌会议的例会上直接交流观点等。"①

在新美国安全中心人工智能与国家安全工作组所构建的关系

---

① [美] 威廉·多姆霍夫：《谁统治美国？公司富豪的胜利》，杨晓婧译，外语教学与研究出版社 2017 年版，第 212 页。

网络中，与部分联邦咨询委员会形成的网络关系，对该智库的成果应用具有非常重要的影响。比如，美国人工智能国家安全委员会属于美国高层决策咨询机构，由 15 名成员组成，目前，主席由国防部前常务副部长、新美国安全中心高级合伙人罗伯特·沃克和谷歌母公司 Alphabet 技术顾问埃里克·施密特共同担任，另外，该委员会中谷歌云人工智能主管安德鲁·摩尔、美国情报高级研究计划局前局长詹森·马西尼，同时还是新美国安全中心人工智能与国家安全工作组的成员。这些人员分别任职两个组织，可以从美国国会、白宫了解最新的需求和信息，也可利用委员会的身份，在政界和学术界进行广泛研讨，无疑对新美国安全中心的研究具有巨大的影响力，最为重要的是，可以把新美国安全中心的思想和成果通过委员会向决策层进行输送。

美国人工智能国家安全委员会的共同主席罗伯特·沃克和埃里克·施密特关系亲密，其中，埃里克·施密特还是美国国防创新委员会的主席，该委员会直接向国防部长报告和建议，2016 年成立以来，已经研究和提出 16 项重大建议，许多已经被国防部采纳，成立联合人工智能中心就是国防创新委员会提出的。罗伯特·沃克可以通过与埃里克·施密特合作，利用沃克熟悉政府部门情况和施密特掌握商业企业情况的互补优势，借助国防创新委员会的平台提出建议。

新美国安全中心人工智能与国家安全工作组成员埃德·费尔顿和观察员特拉·莱昂斯与白宫科技部门关系密切。埃德·费尔顿是普林斯顿大学信息技术政策中心的创始主任，曾任奥巴马政府白宫科技政策办公室副首席技术官。特拉·莱昂斯是人工智能伙伴关系的创始执行总监，人工智能伙伴关系是一个由亚马逊、苹果、深脑（DeepMind）、脸谱、谷歌、IBM、微软、美国公民自由联盟、OpenAI 和麦克阿瑟基金会联合成立的非营利组织，致力于推进机器智能的利益和应对挑战。特拉·莱昂斯曾是白宫科技政策办公室美国首席技术官的政策顾问，在白宫任职期间，特拉·莱昂斯领导了奥巴马政府的一系列政策，重点关注机器智能，包括人工智能、机器人和智能交通系统。美国大多数人工智能方面的政策由白宫科技政策办公室以及国家科学技术委员会组织起草，埃德·费尔顿和特拉·莱昂斯两人在白宫政策系统和学术研究系统均有广泛的人脉关系，他们可以对新美国安全中心的思想和建议有效进行扩散和传播，为建议进入决策圈提供有力帮助。

第七章　美军人工智能战略发展决策的智库评估与优化

在人工智能发展决策过程中，智库作为专业政策研究机构，会充分利用其专业优势、专业力量，对人工智能战略、政策以及发展态势进行评估，为战略与政策的优化提供建议，进而扩大自身的影响。智库对人工智能战略与政策及其发展进行评估，可以看作是智库参与政策过程的一个重要切入点，能够促进甚至推动政策的制定、调整和修订。智库自身的发展过程与政策的循环过程相互交织，互相影响，智库对政策循环过程参与度越大，策动性越强，智库的知名度、影响力就会得到不断提升。

第一节　政策评估与智库参与

现代意义上的政策评估起源于 20 世纪初以美国为代表的西方国家，美国学者对此进行了深入研究，并一直处于这一研究领域前沿。长期以来，学者们将政策评估作为政策科学特别是公共政策的重要内容进行研究，形成了大量的研究成果。大多数研究成果认为，政策评估是政策过程必不可少的组成部分，并且具有重要的政策价值。政策评估贯穿整个政策制定过程，可以分为事前评估、事中评估、事后评估。本书结合人工智能领域政策发展现状，关注政策制定的全过程评估。

基于政策制定全过程评估，评估内容包括决策问题评估、政策制定环境评估、政策内容评估、政策成本评估、政策影响评估等。再细化分析，政策过程涉及的所有因素都可能成为评估的对象，比如政策时机的评估、政策参与主体的评估等。美国学者比较关注的是政策试图影响的人群与预期影响，政策的第三方作用、溢出效应或外部性，政策成本问题（包括直接成本、间接成本和机会成本）等。

评估内容确定之后，评估主体如何选择非常重要。一般来说，评估主体可以分为两类：政府内部评估主体和政府外部评估主体。政府内部评估主体既包括国会及其所属的政府问责局等机构，也包括各个行政部门内部的评估机构，以及相关承担评估职能的委员会等组织。政府外部评估主体包括媒体、利益集团、智库等，甚至包括个人。如何选择评估主体，美国著名公共政策研究学者格斯顿认为，"评价的机构或实体的选择，不仅对于所实施工作的品质很重要，而且对于机构得出的结论的可靠性也至关重要。参与评价过程的组织因其在政府内的角色而被称为'内部评价者'。作为官方政府组织，它们可能了解政策和具体的细微差别；同时，这些实体与政治过程的关系很密切，所以他们也许不能、或不愿在政治上有独立于政策制定当局的表现。例如，国会预算办公室（CBO）与国会竭力达到的预算目标关系最为密切（也许对此最清楚）；但这个机构具有太多的包容性，因为它接近国会，并且仰仗这个立法机构而存在。""与政策制定直接领域相距较远的是'外部评价者'，这些独立组织在职能上不依附于有关政策。但尽管如此，它们拥有——或声称拥有——某些能做到可靠评估的专家。在政治上，外部评价者通常没有靠近政策制定主体或政策实施机构的包袱。但另一方面，他们也可能离得太远，因而对于所受托评估的政策的个中细微差别不敏感。""无论评价者是外部的还是内部的，它们得出的结论都可能是向未来组织的公共政策所作努力的第一步。"[1]

―――――――――

[1] ［美］拉雷·N.格斯顿：《公共政策的制定——程序和原理》，朱之文译，重庆出版社 2001 年版，第 135—136 页。

智库是美国政策界评估的重要力量。在美国的政策环境中，智库作为具有专业性的政策评估组织，不仅自发进行政策评估，彰显作用价值，而且常常受到政府部门青睐，承担有关的政策评估工作。之所以如此，是因为智库的专业性、独立性与公共政策第三方评估的需要能够结合起来。从专业性方面来说，智库具有某些领域政策评估需要的专业人员、专业知识和科学的工具方法，对政策问题的专业性认知有助于明确公共政策评估的目标和评估操作的结构化，而专业的工具方法则是产出可信、可靠评估结果的基础。从独立性方面来说，美国多数智库强调"独立运作"，既不受政府的控制，也不受来自利益集团的影响，能够作出"客观"评估结果。

第二节　智库关于美军人工智能发展决策评估及影响

一项新政策可能会花费可观的资金，或表现出对重要价值做重新整理的可能性。因而，越是有风险，完成该项政策的评价就越重要。[①] 很多美国决策者以及智库界人士认为，人工智能影响

---

① ［美］拉雷·N.格斯顿：《公共政策的制定——程序和原理》，朱之文译，重庆出版社 2001 年版，第 134 页。

美国的经济繁荣、科技发展和国家安全，必须作为高优先级的事务来对待。新美国安全中心《人工智能：决策者须知》报告称，美国利用人工智能及其相关技术、分支学科和方法的进展来创造智能机器行为，可能是最重要的事情。鉴于人工智能的重大价值以及战略政策的重大影响，美国许多知名智库纷纷参与人工智能发展决策评估，以发挥其对美军乃至美国人工智能战略发展的策源塑造作用。

一、智库关于人工智能发展评估

美国智库通过研究报告、会议论坛、政策评论、听证咨询等形式，对人工智能发展的战略、政策、规划、计划、机构等进行多角度评估，结合研究报告涉及军事领域人工智能的情况，智库对美军人工智能发展评估在技术影响、发展态势、管理政策三个方面尤为突出。

技术影响评估主要关注国家安全和军事应用两个方面，对产生的问题进行分析评估，为后续的战略政策制定进行铺垫和造势，属于比较典型的事前评估。面对竞争对手在新兴技术领域，特别是人工智能方面的快速发展，美国高层强烈感受到国家安全面临的威胁和挑战。为化解危机、提出对策，新美国安全中心、兰德公司等知名智库多次发布研究报告，分析评估人工智能的深远影响以及美国面临的挑战，并提出政策建议。近几年来，仅以人工智能与国家安全为主题的研究报告就有五份之多，有的机构还先后提出两份。在军事应用方面，众多知名智库围绕情报分析、规划决策、自主系统、人机编队、作战概念、伦理风险等方面，从历史与现实、理论与实践、对手与美军等方面进行了多维度评估，为美军人工智能发展与应用建言献策。

发展态势评估主要是对美军在人工智能组织、人才、机制、应用等方面的评估，属于比较典型的事中评估。要评估态势，需要与国防部和军种相关机构进行多次沟通，充分掌握大量第一手信息和数据。尽管美国有信息公开法律保障，但对于军事领域，必须与军方建立较为密切的关系。作为联邦资助的研究与发展中心，兰德公司具有得天独厚的条件，根据国防部的委托，兰德公司对国防部人工智能态势进行了长时间评估，经过对国防部和其他政府机构的中小型企业和利益相关方，以及学术界和私营企业的专家进行访谈并开展案例研究，于2019年底发布《国防部人工智能态势：评估与建议》报告，从组织、推进、应用、创新、数据、人才等六个维度，对美国国防部人工智能态势进行了综合分析与评估。国防创新委员会作为国防部的智囊，自2016年成立以来，多次对美军人工智能发展情况进行评估，通过考察对比国防部和商业领域在人工智能领域的发展现状，借鉴商业领域的有效做法，提出设立机构加强统一管理、创新软件采办程序、加强国防部与学术界和私营部门联系等建议。国防部成立联合人工智能中心就是采纳了国防创新委员会的建议。

管理政策评估主要是对涉及美军人工智能发展的相关法律、指令、指示、备忘录等政策进行评估，属于比较典型的事后评估。人工智能在军事上的应用，其中一个重要影响就是增强了武器系统的自主性，但随着系统的自主性越来越高，系统能够自主决策进行杀伤行为，如何提升系统的识别能力、防止对平民的误击等问题随之而来，人在系统中的作用和价值成为涉及武器设计、战争伦理、国际条约的重要问题。2012 年，美国国防部就发布 3000.09 指令《武器系统的自主性》，对自主和半自主武器系统的设计、开发、获取、测试、部署和使用等活动进行规范，要求自主和半自主武器系统的设计应允许指挥官和操作人员对使用武力进行适当程度的人类判断。对于这一问题，海军分析中心专门成立"自主性与人工智能中心"，并发布《人工智能、机器人和集群——问题、疑问和研究建议》《"第三次抵消战略"的思考：应对自主化与人工智能在军事中的挑战》等报告，对美军自主性发展进行评估并提出系列建议。新美国安全中心专门成立了一个伦理自治项目，主要研究未来武器系统中不断增加的法律、伦理、政策和战略稳定性方面的问题，发表了《自主武器与作战风险》《武器系统中的自主性》等系列报告，对自主武器的风险性进行分析评估。

二、智库评估的影响

智库在对人工智能发展评估的基础上，就投资、人才、标准、数据、机构等方面提出一系列建议，促进了人工智能发展战略与政策的调整和修订。2016 年，美国白宫依托科学技术委员会发布人工智能研发战略，经过几年的推行实践，在智库、企业等机构的评估促进下，2019 年，又发布了战略文件修订版。新版文件对原版文件确定的七大战略方向进行了坚持与继承，同时又根据需要进行了优化和创新，并增加了"拓展公私伙伴关系以加快人工智能发展"作为第八战略方向。比如，在投资方面，由长期投资转向对人工智能基础研究长期投资，突显了对前沿基础研究的资助导向，以维护对美国在人工智能方面的引领地位。在人才队伍方面，结合人工智能发展程度，由"更好地了解国家人工智能研发人才需求"转变为"发展人工智能研发及使用人才队伍"，强调在明确人才队伍需求与现状的基础上，应该通过大学扩大培养人才，利用科学、技术、工程和数学计划扩展教育范围，维持强大的人工智能学术研究生态系统，为人工智能发展提供人力保障。

智库对人工智能发展的评估，也对相关立法产生了重要影响。智库通过开展咨询研究、参加立法听证、参与立法起草等方式，向国会有关委员会、小组委员会以及议员不断输送评估研究成果，提出立法内容建议，推动有关举措进入法律条文。

通过分析《2019 财年国防授权法案》和《2020 财年国防授权法案》，智库的评估建议都得到不同程度的体现，显示了智库在人工智能立法方面的影响力。《2019 财年国防授权法案》专门列出关于人工智能主题研究的内容，提出要设立高层次咨询专家组织，在国家层面全面审查人工智能、机器学习和相关技术领域的进步情况，以及国防部在人工智能、机器学习和此类技术方面的竞争力；可以向国防部长提交关于领先人才、数据标准、资金投入、立法政策等方面的执行建议，以确保和保持在人工智能领域的技术优势。《2020 财年国防授权法案》专门设立关于联合人工智能中心方面的内容，要求至 2023 年底，国防部长每半年应向国会提交关于联合人工智能中心的报告，报告内容主要包括任务和目标、计划执行情况、人员情况、与国防部内部机构的关系、与美国其他机构及盟友和伙伴的关系、适用于国防部使用人工智能的道德准则、为保护人工智能系统不受恶意影响而采取的步骤等。

新的机构和部门的设立也是智库评估所促成的重要结果。国防创新委员会的成员大都由知名企业高管担任，在考察和评估国防部人工智能发展情况后，委员会认为，人工智能和机器学习可媲美"第一次抵消战略"的核武器及"第二次抵消战略"的精确制导武器和隐形技术，国防部应沿袭过去为确保核武器技术优势设立专门机构的传统，创建针对人工智能和机器学习的内部中心，以维持国防部在这两个领域的技术优势。在此基础上，要加强国防部、学术界及私营部门之间的交流沟通，采用更加灵活的采办机制，实现创新项目及后续成果在军种的快速应用。2017 年 10 月，国防部长卡特正式采纳创建人工智能和机器学习中心的建议。2018 年 6 月，国防部联合人工智能中心成立。

三、智库评估的趋势

随着美国对人工智能所形成的国家安全问题的担忧不断加剧，美军人工智能战略、政策和举措不断推陈出新，军事应用的范围和深度不断拓展，为智库的评估研究工作提供了丰富的信息和基础条件。作为一个刚刚兴起的领域，人工智能会成为智库长期关注的热点、焦点，智库也会将人工智能相关问题的研究常态化，作为打造和形成影响力及品牌的依托和平台。

鉴于上述背景，智库在对人工智能相关问题研究时，便可以收集更多的信息和数据进行分析，立足于评估结果再提出咨询建议。从研究的角度出发，智库对政府部门提供研究成果和建议，必须依据对先前情况的评估分析，适应政策制定过程中无评估不决策的程序惯例，受此影响，评估就成为智库人工智能研究的重要范式。从近两年智库发布的报告来看，普遍都带有评估的性质，这也是对这一趋势的证明。

第三节　兰德公司对美军人工智能
态势评估示例

从一个完整的评估过程来看，智库进行美军人工智能方面的评估，首先要明确依据背景、确定分析方法，然后通过概念理解、访谈调研、案例分析等步骤收集信息，利用分析框架对评估对象进行解析评估，最后形成评估结果，提出相关建议。2019 年 12 月 17 日，兰德公司发布《国防部人工智能态势：评估与建议》报告，该报告有框架、有方法、有分析、有建议，为解析智库人工智能发展评估过程提供了具体示例。

一、报告的基本结构

报告总体分为正文和附录两大部分，其中正文又分为五章，包括引言、分析框架和方法论、与国防部有关的人工智能态势、国防部人工智能态势、建议。附录有五个，分别是分析方法详细说明、联邦访谈、产业界和学术界的访谈、历史案例研究、人工智能的定义。

引言部分首先介绍了美国人工智能发展大背景，重点介绍了评估依据和目标，简要介绍了评估报告的组织架构。《2019 财年国防授权法案》第 238(e) 条指示国防部高级官员负责协调国防部的人工智能活动，完成有关人工智能主题的研究。2018 年 12 月，国防部联合人工智能中心主任要求兰德公司国防研究所按照法律要求，对国防部的人工智能态势进行独立评估。与负责立法的国会工作人员协商后，研究团队将国会立法意图归纳为三个主要目标：评估与国防部相关的人工智能发展状态并纠正错误认识；对美国国防部的人工智能态势进行独立的内省评估；在内部行动、外部参与和立法监管等方面提出建议，以保持美国国防部在人工智能领域的优势地位。

报告的主体内容包括分析框架和方法论、态势评估、建议。报告从组织、推进、应用、创新、数据和人才六个维度评估国防部在人工智能领域的态势，指出国防部的人工智能在态势评估的各个维度上都面临重大挑战。

1.组织方面。在国防部长办公室层级发现，国防部缺乏与其人工智能愿景相关的基准和指标；联合人工智能中心缺乏知名度；联合人工智能中心缺乏履行其当前职责的权限；联合人工智能中心缺乏五年战略路线图和据以制定路线图的明确目标；缺乏长期预算支持可能会阻碍联合人工智能中心取得成功。在各军种层级发现，军种人工智能文件缺乏基准和指标；各军种人工智能机构的任务和权限有限。

2. 推进与应用方面。国防部的采办途径在多大程度上支持人工智能的发展尚不清楚；国防部内部人工智能构建者和用户之间的沟通渠道有限；用户应用人工智能技术有很多潜在的阻碍；国防部内部对人工智能投资的描述缺乏共识。

3. 创新方面。国防部内部的创新可能会受到当前做法和流程或实施方面的阻碍；当前的做法和流程也抑制了引入外部创新的能力。

4. 数据方面。国防部仍然面临网络带宽方面的严格限制，这可能会阻碍将现场传感器收集的数据转移到存储位置；国防部内部的一些障碍严重妨碍数据共享；整个国防部系统缺乏互操作性；国防部系统缺少为提供有关特定数据的实际含义或生成方式等所需的文档或元数据；涉及外部供应商的数据所有权含糊不清。

5. 人才方面。国防部缺乏定义和跟踪人工智能人才的明确机制；国防部在发展和培养人工智能人才方面显得力不从心。

报告最后向国防部提出一系列建议，包括四条战略建议和七条战术建议，其中战略建议需要进行大量工作或重大体制转变，而战术建议则详细说明支持战略建议或有助于提高国防部态势的本地化行动。

战略建议的具体内容包括：一是美国防部应调整人工智能组织架构，使机构和资源与其扩展和应用人工智能的任务相一致。二是美国防部应与产业界和学术界密切合作推进人工智能系统的验证和确认、试验与鉴定的科学研究和实践。联合人工智能中心应与主管研究与工程的副部长、主管采办与保障的副部长以及作战试验与鉴定办公室密切合作，牵头协调内部及与外部合作伙伴的相关工作。三是国防部应将数据视为关键资源，继续建立采集和管理数据的实践和方法，并增加共享同时解决共享后以及分析和使用过程中保护数据的问题。四是国防部应具备适当程度的开放性，以此来增强国防部获取人工智能人才的能力。

战术建议的具体内容包括：一是联合人工智能中心应该制定一个五年战略路线图，以基线和指标为支撑，后续还应出台若干战略路线图，有效地扩展人工智能及其影响。二是各军种集中式人工智能部门都应制定一个以基线和指标为支撑的五年战略路线图，以执行其任务。三是联合人工智能中心应与国防部主管研究与工程的副部长、主管采办与保障的副部长、参谋长联席会议主席，以及联合人工智能中心理事会的军队人工智能代表合作，对国防部范围内的人工智能投资进行年度或半年度联合审查。四是联合人工智能中心应当每年或每半年组织一次技术研讨会，向国防部展示人工智能规划。五是所有拨款支持的人工智能工作应包含人工智能验证、确认、试验与鉴定的预算。六是国防部内的所有机构都应建立或加强将人工智能研究人员、技术开发人员和操作人员联系起来的机制。七是首席数据官应向人工智能社区提供一系列国防部数据集，以刺激创新并增强外界与国防部的互动。

二、报告的评估框架

评估框架涉及评估的逻辑进路，直接影响评估的科学性、全面性。兰德公司研究团队基于国会和国防部的指导意见，结合人工智能态势的表现和分类，态势评估的分析框架提炼成组织、推进、应用、创新、数据、人才六个维度，用一个词语表示一个维度，每个维度都包含各种相关考虑要素。

1. 组织。国防部高管对态势的战略观点，包括愿景、战略和资源承诺；支持这一愿景的组织结构；利益相关方及其任务、权限和角色。

2. 推进。使技术进步的研发和原型设计；随着技术的发展和成熟而对其进行验证、确认、测试和评估的框架、方法和工具。

3. 应用。成熟技术的采购、部署、保障和生命周期管理的各方面；重新设计军事理论，作战概念（CONOP），战术、技术和程序（TTP）及业务或其他流程以充分利用这些技术。

4. 创新。创新的内部文化以及将外部创新或创新者引入国防部的各种途径和机制。

5. 数据。一个宽泛的人工智能专有的维度，包括作为资源的数据；有关数据收集和使用的治理规则和政策；大规模利用数据所需的存储、计算、通信和其他技术基础设施。

6. 人才。开发、掌握、维护和操作这些技术所需的人才；招

表 7-1　国防部态势评估的分析框架

主题	维度	内容
高管视角	组织	愿景、战略和资源承诺 组织架构
采取行动	推进	利益相关方及其任务、权限和角色 研发组合与活动 原型机设计 验证、确认、试验与鉴定
	应用	采购、部署、保障和生命周期管理 形成理论、作战概念、战术技术与程序和流程
配套支持	创新	内部创新文化 利用外部创新的机制 外部创新者参与机制
	数据	数据作为资源 数据收集和使用治理 存储、计算和其他基础设施
	人才	开发、采办、保障和操作人才 招募、留住、培养和成长 职业管理

资料来源：兰德公司《国防部人工智能态势：评估与建议》。

募、留住、培养和在职业生涯各个阶段使此类人才成长的机制。

除了数据维度之外（它反映了人工智能技术最新进展的细节），态势评估所用的所有其他维度都可以用于评估国防部其他任何数字技术或其他技术的态势。

三、报告的分析方法

考虑人工智能态势的范围和影响，兰德公司研究团队采用定性研究与定量研究相结合的方法，通过与国防部和其他政府机构的人员，以及学术界和私营企业的专家进行访谈收集数据，并开展案例研究，对美国国防部人工智能态势进行了综合分析与评估。

根据六个评估维度，研究团队集思广益，针对每个维度提出一系列重要问题，然后用这些问题构成编码树第一级条目，再细化为二级和三级条目，这样方便使用软件程序（Dedoose）系统分析访谈中收集的信息。这些问题清单经兰德公司调查研究小组（SRG）审核后，形成较为固定的访谈目录和调研问卷。为了取得受访者认识理解，研究团队还为受访者准备了简短的预读材料。访谈采用半结构化形式，保持灵活性和开放性，时长约一个小时，访谈有时变成了讨论。访谈遵循一定的匿名规则，只列出每个受访者所在的组织，不公开受访者的身份、不援引或引用受访者的话，也不将他们所说的任何内容与他们自己或组织对号入座。

研究团队在联邦政府共进行了 68 次访谈，包括 59 次对国防部的访谈和 9 次对其他机构的访谈；开展了 25 次产业界访谈和 9 次学术界访谈，产业界访谈有 29 位受访者，而学术界访谈有 10 位受访者。政府访谈首先是了解当前国防部在人工智能领域的活动，尤其是了解其他相关联邦机构和组织面临的障碍、遇到的争议以及人工智能活动；其次是了解国防部以外的联邦政府机构在人工智能领域的经验教训。学术界和产业界访谈首先是了解与国防部相关的人工智能现状、局限性、预计的发展路径，以及政府以外推进、采用和扩展人工智能的人员所获得的经验教训和最佳实践；其次是探索国防部与学术界和产业界组织和实体之间现有的和潜在的合作关系。

历史案例研究也是评估研究的重要内容。研究团队通过咨询具有人工智能专业知识的数据科学家和工程师，精通网络的政府前任决策者、采办专家，具有情报政策背景的研究人员等不同领域专家，选择了国防部人工智能发展史、国防部软件开发史、国防部网络领域态势、"抵消战略"、无人机系统（UAS）的部署与扩展以及空军情报敏捷采办组织 Big Safari 六个案例进行研究，以期涵盖态势评估的六个维度。六个案例涵盖国防部在人工智能方面的经验以及国防部在采用和扩展运用数字技术和其他技术方面的经验。研究的主要目标是了解从国防部自身大规模技术应用历史中汲取的经验教训（正面的和负面的），以补充根据国会文件的要求并通过前两项访谈工作所咨询的专家见解。

研究采用定性数据与定量数据综合分析方法。定性数据主要通过访谈收集，定量数据为非公开信息，主要是投资组合数据，主要由成本评估和计划鉴定局（Office of Cost Assessment and Program Evaluation）提供的《2019 财年总统预算》和《2020 财年总统预算》等原始数据构成，基于这些数据，研究团队对国防部在人工智能方面的投资组合进行了评估。研究团队依靠定性数据采集广泛地捕获、筛选和分析观点，针对定量数据进行深度分析，在此基础上，提出可行且有影响力的建议。

第八章　智库策源：从人工智能到技术优势塑造

　　近年来，从"阿尔法狗"围棋战胜人类世界冠军，到国防高级研究计划局的虚拟空战竞赛中人工智能算法完胜人类战机驾驶员，美国人工智能技术不断突破，始终引领人工智能发展前沿。美国人工智能的快速发展以及在军事领域的广泛应用，离不开智库的策动和推波助澜。在军事领域，除人工智能外，智库通过更广泛的作战及技术领域研究，为美军设定未来作战场景、绘制科技发展蓝图、推动重点领域建设提供了重要决策咨询，成为美军塑造技术领先优势不可或缺的一支重要支撑力量。

第一节　塑造之源：概念与场景

军事需求是国防科技发展的动力源泉。两次世界大战期间及战后的和平发展时代，军事需求对世界国防科技的蓬勃发展发挥了重要的牵引作用。由于国家安全涉及美国核心利益，华盛顿马萨诸塞大街和波多马克河畔的美国主流智库，特别是国防和安全领域智库，在参与塑造美军军事技术优势过程中，更多从国家安全和军队建设的需求侧出发，以未来战争构想为牵引，通过能力分解，绘制国防科技发展蓝图。

一、未来安全环境牵引技术发展溯源

构想未来世界是智库研究的重要领域之一。智库通过对当前世界的分析、研判与预测，探寻未来发展需求，前瞻性地提出政策建议。面对正在发生重大变化的世界格局，作为具有强烈危机意识的未来瞭望者，美国智库越来越多地参与未来安全环境问题研究，为美军技术发展战略和决策提供重要支撑。

以新美国安全中心为例，作为防务与国家安全领域的专业智库，面对 21 世纪以来人工智能技术和无人系统快速发展的时代潮流，在美国结束阶段性反恐战争后，新美国安全中心预见到美军的军力建设重点将逐步转移到应对未来威胁上。为更好地预测未来安全环境和战争形态，2013 年前后，新美国安全中心酝酿设立了"20YY 战争形态倡议小组"，对以无人和自主系统扮演主要角色的未来战争形态和作战样式进行系统研究，并在 2014 年 2 月至 2015 年 4 月间，连续发布五份 20YY 系列报告①。这些报告由新美国安全中心首席执行官、之后就任美国国防部常务副部长的罗伯特·沃克牵头完成，从未来作战场景及技术应用的角度，分析了人工智能、无人系统、定向能等典型技术和武器的发展态势与影响。随着罗伯特·沃克入职五角大楼并负责"第三次抵消战略"的策划，这一系列报告为美国军事领域未来作战概念研究、重点领域技术和武器装备发展提供了重要参考。特别是人工智能、无人系统和定向能等领域技术，已成为美军"第三次抵消战略"的科技重点发展方向，纳入国防部优先发展事项。

作为美国防务领域的核心智库，战略与国际问题研究中心对未来安全环境也有深刻洞见。2015 年 11 月，战略与国际问

---

① 五份报告分别为：《20YY：为机器人时代的战争做好准备》《战场机器人之一：作战范围、持续能力与危情处置》《战场机器人之二：即将来临的机器人集群》《钢铁侠与蛙人：海上作战中的外穿戴设备》《定向能武器：前景与预期》。

题研究中心发布《国防 2045：为国防政策制定者评估未来的安全环境及影响》报告，从人口数量、经济和国家力量发展、非国家行为体的权力增长、新兴技术和颠覆性技术演进、信息网络连通、地缘政治演变等六个维度，综合分析了未来 30 年美国所面临的安全环境，提出了无人与自主系统、传感器、先进计算 / 人工智能、3D 打印、合成生物学、机器人、纳米和材料等可能重塑未来安全环境的颠覆性技术，并为国防部提出应对建议。这一报告的发布，为美军推进"第三次抵消战略"的技术布局提供了重要参考。

长期接受军方资助的兰德公司，同样热衷于未来安全环境研究。2020 年 5 月，兰德公司发布关于未来战争的系列研究成果（一份总报告和五份分报告）在理论界和政府部门产生广泛影响。兰德公司从地缘政治、军事、经济、法律、信息、环境、地理等方面入手，重点研究了从当前到 2030 年未来战争发生的地点、对象、原因、方式等问题，帮助美国空军评估未来战略环境、制定未来战略。在总报告《2030 未来战争：项目概述与结论》中，兰德公司建议空军和联合作战部队需注重技术优势、兵力规模、战略灵活性，重点发展远程作战、精确打击、信息战、自动化等能力。此外，兰德公司的中国报告三部曲，虽作者和年代不同，但主题一脉相承，在社会各界也产生了重要影响：2000 年的《解读中国的大战略：过去、现在和未来》，对中国发展和战略环境变迁进行了深入分析；2016 年的《与中国开战——想不敢想之事》，列举了五个可能引发战争的因素，提出了四种中美战争场景；2020 年 7 月的《中国的大战略：趋势、发展轨迹和长期竞争》，通过政治、经济、科技、外交、军事和环境因素的交叉分析，提出了中美关系发展的三种可能和结论，为美国军事发展提出了建议。

二、未来军事作战牵引技术发展溯源

在未来安全环境下，依托何种作战概念、作战样式战胜未来对手，是智库从战术层面思考的重要问题。近年来，面向未来战场，美军提出"多域作战""马赛克战"等新概念，智库也积极开展作战概念研究，提出"决策中心战"概念及"多域作战"实战化应用等构想，进一步丰富完善了作战概念的理论研究。

以美国战略与国际问题研究中心为例，为持续推进美军防空反导能力建设，战略与国际问题研究中心将多域作战思想与防空反导战术相结合，创造性提出了分布式防御作战概念，在推动作战概念发展的同时，为相关技术发展提供了明确牵引。2016 年 4 月，战略与国际问题研究中心发布《"万联时代"的美国导弹防御：从弹道导弹防御系统到一体化防空反导》，对亚太地区弹道导弹防御系统与一体化防空反导发展的挑战与机遇进行了评估，并提出了具体建议；2017 年 8 月，该中心发表《美陆军防空反导需要更加分布式的作战概念》文章，提出美军可采取的"分布式防御"概念；2018 年 1 月，发布《分布式防御：一体化防空反导新型作战概念》报告，从多域作战角度，分析了美军防空反导作战面临的挑战及现有防空反导系统的不足，深化了"分布式防御"作战概念，同时支持美军"多域作战"概念。这些报告，在细化作战概念应用场景的同时，为美军网络以及全联网指挥控制等领域技术发展，提供了重要牵引。

在"马赛克战"和"决策中心战"领域，智库成为美军宣传和研究作战概念的得力助手。以"马赛克战"概念为例，2017 年，国防高级研究计划局借鉴马赛克拼图简单、可快速拼接的特点，提出"马赛克战"概念，寻求将"发现、锁定、瞄准、交战与评估"杀伤链的各作战单元，分布在各作战域的有人和无人平台上，形成可动态组合、交互操作、跨域协同、自主适应的弹性作战体系。为宣传并扩大这一作战概念的影响，美国国防高级研究计划局委托美国米切尔航空航天研究所开展深化研究工作。2019 年 9 月，米切尔航空航天研究所发布《"马赛克战"：重塑美国军事竞争力》报告，系统阐述了"马赛克战"概念内涵、潜在影响和概念可行性，建议美军重点开展三方面研究工作。目前，国防高级研究计划局正在推进体系架构、作战管理规划、通信组网、智能武器平台等技术领域的一系列项目攻关，有望逐步实现"马赛克战"概念所设定的目标。

2019 年 12 月 31 日，战略与预算评估中心发布《重夺制海权——美国海军水面舰队向决策中心战转型》报告，首次提出

"决策中心战"作战概念，建议美国海军通过"决策中心战"，重塑指挥架构，调整兵力部署，保持决策优势，为美国国防战略提供支持。2020年2月11日，战略与预算评估中心发布《"马赛克战"：利用人工智能和自主系统实施决策中心战》报告，指出"马赛克战"即是一种"决策中心战"，军事竞争的下一主要领域将是信息和决策，通过利用新兴人工智能和自主系统技术，美军有望建立新的长期优势。

三、作战场景应用牵引技术发展溯源

特定军事行动包含多种作战场景，每个作战场景都有符合特定条件的行动方案。科技作为核心战斗力，已成为行动方案制定过程中的重要考虑因素。很多智库从作战场景出发，深入思考具体场景下的技术应用问题，为发展先进技术提供建议。如2015年9月17日，美国战略与国际问题研究中心发布《利用物联网提高军事作战效能》报告，从物联网军事应用场景出发，分析了军事作战对物联网技术的需求，提出了发展物联网技术、拓展军事应用的建议。

2016年6月，国防科学委员会发布《关于自主技术的夏季研究》报告，强调提高未来作战效能对自主技术与系统发展的牵引，提出扩大自主技术的应用领域，建议国防部加快开发自主技术，加速实现其潜在军用价值，并使美国在这一领域保持领先。

这份报告对美军开发自主系统提供了重要支撑。

　　为丰富人工智能技术的应用场景，2020 年 5 月 31 日，兰德公司发布《通过机器学习实现空中优势：对人工智能辅助任务规划的初步探索》研究报告，提出了一个概念性人工智能系统的原型，以帮助开发和评估新的空中作战概念，目标是利用人工智能系统的能力，通过大规模、反复迭代和改进，加速并丰富作战概念的发展。这份报告对人工智能与作战概念的耦合发展提供了有力支持。

第二节　制胜之策：抵消与发展

　　在思考未来军事需求对科技的牵引作用的同时，智库还从科技自身发展的角度出发，结合对手情况，全面思考竞争与对抗背景下的科技发展策略和优势领域塑造问题。

　　近年来，美军将战略重心转向大国竞争。为战胜高端对手，美军将具有颠覆性影响的前沿技术列为重点关注和研究对象，智库也为之摇旗呐喊，积极输送思想与建议。

一、近年美军技术总体发展溯源

2013 年 9 月，新美国安全中心发布《游戏规则改变者：颠覆性技术与美国国防战略》报告，专项评估颠覆性技术对未来战争的影响。报告建议，在未来五年国防支出紧缩的情况下，美国会应保护潜在的颠覆性技术的投资，并使其处于优先地位；国防部应每年提交国防研究与发展现状报告，并组建"下一代技术特遣部队"以推动颠覆性技术的发展。这一报告为 2014 年美军"第三次抵消战略"的出台，提供了重要参考。

2014 年 9 月，美国国防部借鉴历史上的两次"抵消战略"思想，正式提出实施"第三次抵消战略"，为美国全力推进军事竞争新态势奠定了重要基础，科技成为此次战略的核心和主线。"第三次抵消战略"提出后，众多智库积极展开研究论证，进一步超前谋划美国军事与科技发展蓝图。2014 年 10 月，战略与预算评估中心发布《迈向新的"抵消战略"——利用长期优势恢复美国全球力量投送能力》报告，提出了美军实施新抵消战略的关键技术能力要素和构建全球监视与打击网络的初步设想。

2015 年 2 月，新美国安全中心发布《行动理念：给第 25 任国防部长的建议》报告，建议国防部长将突防型远程轰炸机、无人舰载攻击机、水下领域装备，以及高超声速、电磁、定向能和网络技术等颠覆性技术列为"第三次抵消战略"重点领域，作为国防部优先事项。

2015 年 10 月，美国国防科学委员会发布《关于战略突袭》研究报告，聚焦反核扩散、弹道导弹与巡航导弹防御、空间安全、水下作战领域、网络、通信及定位导航与授时系统、情报对抗、后勤弹性等八个重点领域，围绕如何加强现有能力和发展新能力，使美国免受战略突袭，同时谋求对敌实施战略突袭，为国防部提供了发展相关概念、技术或能力的 22 条建议。

2018 年 5 月 30 日，新美国安全中心发布《技术轮盘赌：军方在追求技术优势时应管控技术失控》报告，认为技术优势不等于安全，军方在发展先进技术、追求技术优势时，可能因人为错误、突发效应、滥用和误解等引发技术失控，建议国防部和情报机构强化风险认识，重视防范技术失控风险，并加强人工智能、生物系统、信息技术等新兴技术投资，将这些技术作为军备控制的有效手段。

2018 年 9 月，美国布鲁金斯学会发布《2020—2040 年军事技术变化趋势预测》报告，将未来 20 年可部署应用的关键军事技术划分为四大领域，分别是：传感器领域（核生化探测传感器、声纳传感器、电磁频谱传感器、粒子束传感器）、通信计算机与机器人领域（计算机、通信、机器人）、主战平台及其关键支撑技术领域（地面、海基、空中、航天平台、导弹技术等）、其他武器系统技术领域（包括各种非杀伤性武器、生物病毒及其他大规模杀伤性武器、激光和粒子束、导轨炮、远程动能杀伤打击系统，以及纳米材料和 3D 打印等支撑技术），并对各领域的发展趋势进行了分析预测。

上述报告仅是智库开展国防科技领域体系化研究的部分成果。各类智库对美军技术发展的总体性研究，为美军遴选优势技术领域、优化国防科研体系布局提供了有力支撑。

二、近年美军技术优先发展领域溯源

除建言未来美军技术总体发展与布局之外，智库还围绕无人系统、定向能、量子技术、高超声速、太空、生物、5G 通信等技术重点领域展开深入研究，提出差异化发展策略。2018 年，美国国防部正式将这些领域发展列为优先事项，纳入现代化工作统筹。

在定向能技术领域，近年来美军处于研发、试验与迭代提升过程，已具备特定场景下的初步应用能力。2014 年，美国列克星敦研究所发布报告建议美国防部加快定向能武器部署，降低美军面临的潜在风险。2015 年 3 月，列克星敦研究所发布《定向能武器是 "第三次抵消战略" 的关键》研究报告，再次论述了定向能武器所取得的进步，认为定向能武器可从根本上改变高端战争，并提出对策建议。

在量子技术领域，在谷歌、IBM、霍尼韦尔等大型公司的推动下，量子霸权的争夺成为世界科技领域的重要 "赛事"，量子技术也被称为未来科技发展的明珠。2015 年，空军科学咨询委员会对量子科学和技术展开研究，对量子技术进展及军事应用作出

判断和建议。2017 年 7 月 22 日，美国国家科学技术委员会发布
《推进量子信息科学：国家的挑战与机遇》，介绍了美国量子信
息科学的研究发展状况，分析了面临的挑战和机遇以及量子信息
科学的应用前景。2019 年 12 月，美国国防部国防科学委员会发
布《量子技术的应用》报告摘要，概述了量子传感、量子计算以
及量子通信与纠缠分发领域的主要发现，并向美国国防部提出了
增加对量子传感器领域的投资，推进相关技术的实际部署；监视
并了解国内外量子计算发展情况，快速利用新成果；对量子纠缠
分发技术进行适度投资，监视并了解国内外的技术进展；与学术
界、工业界进行深入合作，解决量子技术人才短缺的问题等若干
建议。

　　在高超声速技术领域，近年来的试验成功使美军实战化应用
的步伐大大加快。2016 年 3 月，米切尔航空航天研究所发布题
为《高超声速武器与国家安全：21 世纪的突破》的报告，建议美
国立即稳步推进高超声速技术及飞行器发展，并为此规划了发展
路线。2017 年 4 月，美国企业研究所发布《高超声速武器：评估
"第三次抵消战略"》报告，分析了高超声速武器的重要性、作战
应用以及对"第三次抵消战略"的作用。

　　太空技术领域作为人类世界的高边疆，始终是世界科技强
国关注的重点。2016 年 1 月 27 日，新美国安全中心发布《从庇
护所到战场：美国太空防御与威慑战略框架》报告，研究美国空
间体系架构所面临的日益增长的挑战，提出了"有限太空战"战

略，建议构建与有限太空战相适应的太空体系结构，开发有效但有限度的太空攻击手段，发展高效能指控系统和相关技术等。2017 年 8 月，米切尔航空航天研究所发布《引入"快速航天"：重新考虑太空进入》报告，分析了"快速航天"对美国军事作战和经济发展的影响、如何实现"快速航天"以及应该采取的措施。2020 年 8 月 10 日，新美国安全中心发布《下一代国防战略：太空》报告，建议国防部在太空作战域，对国防需求、采办过程和人才培养作出变革，并抓住时机，推进创新。

软件和数字技术领域是信息化时代和未来智能化时代的重要技术基础。2019 年 5 月 3 日，美国国防创新委员会公布《软件永无止境：重构代码采办工作以获得竞争优势》报告，论述了国防部软件开发过程中存在的缺陷，评估软件采办和实践的当前状态和预期目标，提出了软件采办工作的三个基本主题、四条行动主线和十项建议，呼吁立刻采取措施彻底改革软件开发和采办。此外，国防创新委员会提出，在大数据时代，数据应被视为国防部武器库中最强力的资源，提出国防部成立国防数据局，推动跨领域的数据获取与使用，加强算法战相关计划实施等建议。

生物技术领域，作为近年来的研究热点，已经从隐秘研究状态逐步走向公开。2018 年 6 月，美国国家科学院发布《合成生物学时代的生物防御》报告，提出了合成生物学能力的生物安全评估框架，针对可用于武器攻击的各种合成生物学能力进行评估分析，建议国防部采取四方面措施。2019 年 7 月 11 日，由美国国会和政府前高层决策者组成的高端生物防御智库——生物防御蓝带研究小组（主要职能是全面评估国家生物防御现状并提出改革建议）举办"生物防御曼哈顿计划"会议，提出应采取与研制原子弹的"曼哈顿计划"类似的举措，加强生物学相关技术研发，防御日益严重的全球生物威胁。

随着其他国家 5G 技术领域的强势崛起，美国各界对加快 5G 技术发展的呼声日益高涨。2019 年 4 月和 6 月，美国国防创新委员会和国防科学委员会相继发布《5G 生态系统：美国防部的风险与机遇》《5G 网络技术的国防应用》报告，对 5G 网络技术的国防应用前景及潜在风险进行了评估，并对国防部制定 5G 战略提出了建议。两份报告都将 5G 置于关系国家安全的重要地位，对 5G 频谱资源、网络安全、供应链等问题给予高度关注，强调要确保美国在 5G 网络发展和国防应用方面的全球领导地位，促进 5G 网络的建设并利用 sub-6 频段推动 5G 技术应用。

这些具有代表性的研究报告，对美国国防部和各军种优先技术领域发展提供了重要参考和方向引领。我们从中也可以发现，美军关键技术领域的发展，始终处于智库的高度关注与审慎评估之下。美国智库从整体或不同领域发展角度出发，为塑造美军技术领先优势积极建言献策，已成为美军决策链条中的重要一环。

第三节 体制之变：调整与改革

智库对政府部门的建言，除涉及技术层面外，还触及更深层次的政府体制机制调整改革议题。一方面，智库从管理理论、学术研究角度出发，提出提升政府运作效力、改善业务运行的建议；另一方面，智库很多研究人员拥有政产学研等多重经历，特别是大量政府官员通过"旋转门"机制进入智库体系，他们既拥有行政经历，对体制弊端也有切身体会，提出的建议通常具有很强的针对性和可操作性，成为政府部门调整改革管理制度的重要参考。

一、近年美军科研管理体系调整改革溯源

作为理论研究和实践方案的提供者，智库从治理创新视角出发，对美军研究与技术发展问题进行系统、整体、深层次和多面性研究，提出改革管理体制、扩展交流合作、建立创新生态等建议，为推动军事创新发挥了重要的思想引领作用。

（一）为国防部或重要官员提供体制改革建议

为重要官员、新一届政府提供施政建议是智库发挥影响力的重要手段。如拥有众多前政府高官的新美国安全中心，于 2015 年 2 月为奥巴马政府提供《行动理念：给第 25 任国防部长的建议》报告，建议国防部实施国防改革计划，推动国防部机构扁平化，取消不必要的管理层级并适当精简组织机构规模，消除国防部、国防机构和总部人员中不必要的开支等。传统基金会也于 2015 年 3 月 23 日发布《新一届政府国防改革的四大关键优先事项》报告，在综合考虑美军面临的战略安全环境、当时及未来作战任务以及预算状况等因素基础上，为美国新一届政府如何开展国防改革、提高管理效率和部队战斗力提出了四个优先方向建议。

为呼应新一轮科技革命发展，突出国防科技创新，改革美国国防科研管理体制成为智库关注的重要问题。2017 年，美国智库提出的国防部改革建议更多地与科研管理工作相关联，寻求通过帮助国防部实施机构改革，释放更多创新效能。如 2017 年 2 月 21 日，新美国安全中心发布《抓住国防部组织改革机遇，重建美国军事技术优势》报告，为美国新一届共和党政府实施国防科研管理体制改革提供方案选择。同年，传统基金会发布科技专家维多利亚·科尔曼和基金会研究人员合著的《重夺美国国防创新领导地位：国防部新任负责研究与工程的副部长的三个优先事项》

分析文章，建议即将上任的负责研究与工程的副部长重点推进三个优先事项：一是制定国防研发战略，并设立专责助理部长级官员持续评估和调整该战略；二是建立有效且快速反应的国防技术发展路径；三是美国国防高级研究计划局及国防部实验室深入国家创新中心推进开放创新。这三项建议基本都已被国防部采纳。巧合的是，维多利亚·科尔曼本人也于 2020 年 8 月被任命为美国国防高级研究计划局第 22 任局长，可以预见，她的上述建议将有机会被进一步推动实施。

智库为加快重点领域发展提供机构改革建议。国防创新委员会建议国防部沿袭过去为确保核武器技术优势设立专门机构的传统，创建针对人工智能和机器学习的国防部专职中心，并赋予该中心国防部人工智能和机器学习领域工作统一管理职能。根据国防创新委员会的建议，2018 年 6 月，美国国防部正式组建联合人工智能中心。2019 年 4 月和 6 月，美国防部国防创新委员会和国防科学委员会相继发布《5G 生态系统：美国防部的风险与机遇》《5G 网络技术的国防应用》报告，为负责研究与工程的副部长办公室设立 5G 技术助理局长奠定了重要基础。

（二）为国防部开放创新提供改革建议

随着现代科技的快速发展、不同学科领域的交叉融合，科技创新日益需要更大范围、更深层次的科技合作，由此构建涵盖多学科多领域的创新链条，推动越来越多的前沿科技落地生根、发展演进。智库长期以来都是开放创新的倡导者，积极推动国防部拆除创新交流壁垒、塑造融合创新态势。

2015 年 9 月，战略与国际问题研究中心发布《保持技术前沿：利用外部创新维持国防部的技术优势》报告，指出当今世界的创新环境呈现出全球化、私有化、商业化和加速化等特点，令美国保持技术优势面临挑战。报告建议国防部在推动内部基础研究与发展计划的同时，接纳和吸收国防部以外的技术发展；重点在两方面加强努力：一是更好地了解外部创新；二是更好地获取外部创新。这份报告为当时的国防创新试验小组（2018 年更名为国防创新小组）发展提供了重要的决策支持。

2020 年 1 月，战略与国际问题研究中心发布《两大支柱——在新兴技术治理中维护国家安全和国家创新》报告，重点分析了美国新兴技术治理及相关国家安全问题。报告为美国政府维护国家安全、促进科技创新提出行动建议，其中包括进行广泛、持续的外交接触，促进在新兴技术、规范和标准制定方面的合作；尝试新的模式和激励机制，建立公私伙伴关系，美国政府从自上而下的控制模式，转向发展新的横向信息共享和合作模式，从而建立信任并实现信息共享等。

（三）为培育国防科技创新基础提供改革建议

长期以来，美国智库都将创新作为一项体系化工程，围绕各类要素展开研究，其中，以人为核心的创新基础和创新环境塑造，是美国智库研究的重点内容。如 2017 年 2 月 22 日，美国战略与国际问题研究中心发布《科学、技术与美国国家安全战略》，从人的能力视角出发，建议美军建设一支具有领导才能和作战技能的技术型干部队伍，以应对不断变化的快节奏威胁环境，同时列出包括为军官的整个职业生涯设计科技和作战两个领域交叉进行的学术课程，为军官与工业部门及政府实验室进行互动与交流创造更多机会，利用顶级院校提供科技方向的特定高级学位和课程等一系列实施建议。

2019 年 9 月 17 日，美国战略与国际问题研究中心发布《战略竞争时代的研究合作》研究报告，认为应再次权衡开放性与保护国家安全需要之间的关系，并优先考虑对国内创新能力进行投资。报告提出加强美国科学、技术、工程和数学人才培养，制定全球创新领导力清单，对国家安全构成威胁的领域限制合作，规范联邦对学术机构和研究机构的政策指导，深化政府和非政府利益相关者的联系，加强现有政策的执行力度，在最有影响力的领域与盟国和伙伴合作等一系列建议。

二、基于技术优势塑造导向的美军科技管理体系调整改革

近年来，为应对大国竞争战略形势，适应人工智能等新兴技术快速发展，加快军事技术优势塑造，在国会、白宫以及智库的

推动和建议下，美国国防部一直在谋划推进国防科技管理体制调整改革。《2017 财年国防授权法案》要求国防部拆分负责采办、技术与后勤的副部长职能，分设负责研究与工程的副部长和负责采办与保障的副部长，并详细规范其职责，新体制于 2018 年 2 月 1 日起正式运行。授权法案规定，美国国防部负责研究与工程的副部长在职级上仅次于国防部长和常务副部长，在国防部长办公厅的官员排序中位居第三位。

2018 年 7 月，美国国防部发布《成立负责研究与工程的副部长办公室及负责采办与保障的副部长办公室》备忘录，标志着美军科技管理体制改革正式成形。国防部负责研究与工程的副部长下设两个职能部门，即研究与技术局和先期能力局（局长与助理部长同级，但人员任命无须参议院批准）。其中，研究与技术局下设 2 名业务副局长，分别负责战略技术保护与开发，研究、技术与实验室；5 名局长助理，分别负责微电子、网络、量子科学、定向能、机器学习 / 人工智能。先期能力局下设 2 名业务副局长，分别负责任务工程与综合集成、研制试验与鉴定；4 名局长助理，分别负责网络化指挥、控制与通信，空间，自主能力，高超声速。另外，战略情报分析室、国防创新小组、战略能力办公室、导弹防御局和国防高级研究计划局作为其直属机构，国防科学委员会、国防技术信息中心、联合储备处、国防微电子处和国防部试验资源管理中心等作为其附属机构。

2019 年 11 月，负责研究与工程的副国防部长下增设现代化局。原研究与技术局所属的负责微电子、网络、量子科学、定向能、机器学习／人工智能的 5 名助理局长，以及原先期能力局所属的负责网络化指挥、控制与通信，空间，自主能力，高超声速的 4 名助理局长，均转隶至现代化局。此外，2019 年，国防部将生物和 5G 列入现代化优先事项，这两个领域增设的技术主任，也纳入到现代化局管辖。目前，现代化局直接管理国防部 11 大现代化优先事项，指导制定 11 个技术领域的国防部路线图，规划作战人员所需技术能力的发展路径；评估美国防部、其他行政部门、商业界、学术界及国外在相关技术领域的科研活动；领导独立的技术分析；组织跨整个业界的交流活动。

与顶层国防科技管理机构改革相适应，军种在科技创新方面也开展了一系列机构改革，成立系列引进商业技术和推动技术快速转化的组织机构。2016 年 3 月，海军水面作战中心成立颠覆性技术实验室，主要负责提出创意和解决方案，并将其从概念变成现实，加速创新技术研发。2018 年 7 月，美海军发布《海军敏捷倡议》备忘录，明确成立敏捷任务小组，旨在快速引入和部署"可改变游戏规则"新兴技术，促进新技术的研发和交付，维持海军技术和战术优势，应对竞争对手的战略挑战。

2016 年 4 月，陆军研究实验室发布信息，借鉴国防创新试验小组经验，建立陆军研究实验室西部办公室，加强陆军研究实验室与西部高校、高新技术创业公司在仿真与训练、电子技术、信息科学、智能系统、人—机系统交互等方面的科技研发合作，促进西部地区民用高新技术转化应用到陆军科技和国防领域。9 月，陆军组建快速能力办公室，旨在采用快速部署的研发程序，促进陆军科技成果快速转化为战斗力。11 月，陆军研究实验室与得克萨斯大学和其他相关大学合作，成立陆军研究实验室南部办公室，与区域合作伙伴组建研究团队，推进增材制造、能源和电力、生物科学、人工智能系统和网络科学等领域科技研究，加速技术成熟化进程，为陆军获得关键领域的技术提供支撑。

2018 年 1 月，美空军 AFwerX 拉斯维加斯创新中心成立并投入运行，随后又在奥斯汀和华盛顿特区成立两个创新中心。AFwerX 创新中心旨在为适合空军核心军事任务的企业和初创公司与空军在传统采办流程外提供接触和交流机会的平台，通过打破空军需求和商业技术创新资源之间的壁垒，吸引更多的军外创新力量参与到空军项目中，寻求解决空军面临挑战的新思路、新方法和新技术，为保持美国空军未来优势提供技术创新孵化器。目前，AFwerX 全面聚焦提高空中和太空能力的商业领域技术，尤其关注探测和追踪传感器技术、多模传感器集成、计算机视觉和机器学习算法等方面。

作为创新思想的摇篮和博弈竞争的"先知"，智库已经深深融入美国政府的决策链条当中。在塑造先进军事技术优势的过程中，倾听智库声音、采纳智库建议、推行智库方案，成为上至总统和国会，下至国防部和军种推进工作的重要内容，这也是美军保持强大科技治理能力和军事领先优势的重要原因之一。

第九章　美军技术优势塑造中的智库策源评析

美军技术优势塑造得益于多方面的驱使和推动，作为一个重要的国家安全领域的话题，自然不能缺少智库的策源作用。从人工智能到量子、合成生物学等新兴技术领域，智库策源既反映着智库决策影响力作用机制的一般规律，也体现出时代科学技术发展和国际格局调整变化的主要特征，这些因素让智库这个产生于军事领域的机构，又一次在军事领域展现出不同寻常的重要作用。在科技革命孕育发展的大背景下，新兴技术治理中的国家安全需求为智库提供了关切主题，受美国权力结构中复杂利益关系的驱使，经由决策链的嵌合与互动，智库策动推进一系列政策建议和战略举措，为美军打造领先优势发挥了重要作用。

第一节　突出背景：新一轮科技革命及其影响

智库重点关注并深入分析新兴技术的影响与机遇，为美军技术优势塑造出谋划策，既是敏锐捕捉问题的专业职能所致，也是科技革命发展的背景条件使然。智库的策源作用，契合了新一轮科技革命的时代背景。

科技革命是科学革命和技术革命的合称。科学革命是科学发展的质变形式，库恩在其1962年出版的《科学革命的结构》一书中提出了有名的"科学革命论"，认为科学范式的转化就是科学革命。技术革命包括技术规范、技术结构、技术体系的变革以及材料、工艺、能源等方面的重大突破。近代以来，科学和技术紧密相连，科学发展必然引起技术的变革，而技术进步的要求呼唤科学的发展。同样，科学革命和技术革命作为科学发展和技术进步的一种质变形式，日益交织在一起。因此，我们在这里把科技革命作为一个整体概念，看作是科学革命和技术革命综合变革的总和。科技革命是科技进步的质变形式，是科学技术领域带有突破性的、质变性的、替代性的甚至是颠覆性的重大创新，对时代具有牵引和拉动的作用，是社会发展的推动性力量。

科技革命阶段的划分仁者见仁，有六次革命说、五次革命说、三次革命说等。为方便说明，这里采用三次革命说。第一次科技革命，以 18 世纪末蒸汽机的发明和应用为主要标志，推动机器大工业代替工场手工业，使人类进入机器时代，也称作"蒸汽革命"。第二次科技革命，发生于 19 世纪末 20 世纪初，以发电机和电动机的发明与应用为主要标志，使社会生产力进入电力时代，也称作"电力革命"。20 世纪中期以来，原子能、电子计算机、微电子技术、航天技术、分子生物学和遗传工程等领域取得的重大突破，标志着新的科学技术浪潮的到来，这次浪潮被称为第三次科技革命。信息科学和技术是这次科技革命的标志性成果。由于信息技术的快速发展和广泛应用，把人类社会推进到信息时代，第三次科技革命也称作"信息革命"。

21 世纪以来，信息技术、生物技术、新能源技术、新材料技术等交叉融合正在引发新一轮科技革命和产业变革，移动互联网、大数据、人工智能、脑科学等新理论新技术不断突破，其中，人工智能已经成为新一轮科技革命和产业变革的重要驱动力量，正在引发链式突破，推动经济社会各领域从数字化、网络化向智能化加速跃升。人工智能将重构生产、分配、交换、消费等经济活动各环节，催生新技术、新产品、新产业，引发经济结构重大变革，推动产业转型升级、实现生产力的新跃升。2017 年国际数据公司 IDC 在《信息流引领人工智能新时代》白皮书中指出，未来 5 年人工智能将提升各行业运转效率。2018 年麦肯锡公司的研究报告预测，到 2030 年，约 70% 的公司将采用至少一种形式的人工智能，人工智能新增经济规模将达到 13 万亿美元。[①]

当前，物质结构、生命起源、意识本质等基础科学领域正在或有望取得重大突破性进展，信息技术、生物技术、新材料技术、新能源技术等领域呈现群体性、革命性突破，以人工智能为标志特征的新一轮科技革命正在快速融合发展。

科技革命总是能够深刻改变世界发展格局。英国借助"蒸汽革命"，成为世界制造业和贸易中心，1820 年英国人口占世界比重仅 2%，GDP 占比则达 5.2%，1700 年英国航运量占世界航运能力的 20%，到 1820 年这一比重升至 40% 以上。美国抓住"电力革命"时机，迅速提高工业和经济实力，1820 年，美国 GDP 仅为英国的 34.6%，到 1870 年已大致持平，1913 年则为英国的 2.3 倍。[②] 信息革命以美国为发源地，并长期由美国引领，造就了美国的领先科技实力，支撑了美国全球霸权地位。但是，近年来，随着主要国家对科技发展投入强度的不断加大，根据美国《2018 年科学与工程指标》报告，2015 年全球研发投入近 2 万亿美元，主要集中于北美、亚洲和欧洲三大地区，其中美国和中国占比居

---

① 谭铁牛：《人工智能的趋势与思考》，《中国报业》2019 年第 4 期。
② 杨长湧：《新一轮科技革命发展趋势及其对世界经济格局的影响》，《全球化》2018 年第 8 期。

世界前两位，分别为 26% 和 21%，虽然以美国为代表的发达国家在科技创新领域仍处于领先地位，但优势正逐渐缩减，中国、印度、巴西、俄罗斯等新兴经济体已成为科技创新的活跃参与者。受科技发展影响，世界经济政治版图也在逐步发生变化，"金砖国家"的影响力不断上升，新兴经济体的话语权日益增加，世界发展格局正在酝酿着新的变化。

未来几十年，新一轮科技革命和产业变革将同人类社会发展形成历史性交汇，对人类社会带来难以估量的作用和影响，可能颠覆现有很多产业的形态、分工和组织方式，重塑国家竞争力在全球的位置，重构人们的生活、学习和思维方式，乃至改变人与世界的关系。面对全球新一轮科技的机遇和挑战，世界主要国家都在寻找科技创新的突破口，抢占未来经济科技发展的先机。

第二节　驱动因由：技术治理中的
国家安全忧虑

美军技术优势是美国国家安全的重要基石，当以人工智能为标志的新兴技术群对国家军事力量对比产生巨大影响，进而对美军技术优势和美国国家安全带来挑战时，美国国家治理体系自然会作出相应的反应，驱动包括智库在内的政策研究机构启动政策讨论议程。在此背景下，治理体系与智库价值之间、安全所需与智库所能之间自然产生了互动关系。

一、国家安全所需

以 2017 年发布的《国家安全战略》为代表，美国政府高层认为，美国正面临一个日趋复杂且竞争不断加剧的世界，在政治、经济、军事等领域遭遇了前所未有的挑战，且在某些关键领域已丧失优势；美国在全球的领导地位正在动摇，其中，中国和俄罗斯两大国，朝鲜、伊朗等地区国家，"伊斯兰国"等恐怖组织，是美国安全挑战的主要来源。美国必须以"美国优先"理念为指导，通过在经济、军事、外交等领域建立绝对实力，重塑美国优势，维护自身安全。

美国一直视科学技术领导力为其国家安全的基石，强调美国的国家安全范畴不仅指军事安全和国土安全，还包括经济繁荣、普世价值观传播和主导国际秩序等。为支撑美国的国家安全，长期以来，美国在科学技术，特别是军事技术发展上不遗余力，大力投资，形成了独步全球的科技实力，打造了技术一流的现代化军队。但美国也认为，面对人工智能、合成生物学、量子科技、5G 等新兴领域的技术发展，竞争对手的技术发展速度和能力对美国形成挑战，商业技术难以快速引入也制约了军事创新的速度，这些因素影响了美军领先优势的保持。

中国的崛起被认为是美国军事技术优势面临的主要挑战。2018 年美国会研究服务处发布的《全球研发形势及其对美国防部的影响》报告提出，70 多年来，美国军事技术优势抵消了潜在对手的规模和地理优势，这在很大程度上得益于其在国防研发方面的巨大投资。1960 年，美国研发投资占全球研发总投资的 69%，其中仅国防相关研发投资就占全球研发总投资的 36%。然而，随着其他国家研发投入的快速增长，到 2016 年，美国研发投资在全球研发总投资的占比降至 28%，联邦政府国防研发投资在全球研发总投资的占比降至 3.7%。中国正在成为美国的潜在军事对手和科技强国，并在抢占全球科技领导地位。2000—2016 年，中国研发投资在全球研发总投资的占比从 4.9% 升至 25.1%，美国、日本、德国三国总占比从 62.6% 降至 44.3%。尽管美国目前在科技方面继续处于领先地位，但中美之间的差距近年来一直在缩小。报告认为，作为美国的战略竞争对手，"中国正寻求利用技术、价值观输出以及胁迫等手段，力图改变国际规则，塑造一个与美国利益和民主价值相悖的全球格局"。

如何在新兴技术治理中保持绝对领先的技术优势、消除或减小中俄等竞争对手的扩张影响、有效保障美国国家安全，成为美国政治精英们忧虑和关注的重大问题。在美国国会的立法讨论中，在白宫战略政策的制定研讨中，在国防部人工智能战略推进发展中，技术治理与国家安全的声音弥散其间，形成了足以影响理性决策的话语热度。例如，2018 年 6 月 21 日，在美国众议院关于技术转移的听证会上，国防部负责情报的副部长帮办、负责制造和工业基础政策的助理部长帮办、负责研究与工程的副部长以及美国国家情报总监办公室官员纷纷发表证词，渲染中国等竞争对手的军事技术转移活动对美国国家安全的威胁和影响，提出保持技术优势需采取的措施。近几年来，美国高层在技术治理与国家安全问题上认识高度一致，所谓的危机感驱动产生了许多强化发展新兴技术、打压限制竞争对手的政策举措。

二、智库价值所能

智库在美国治理体系中具有独特地位和价值。政治上，美国采用三权分立的政治架构，决策主体的多元化、决策机制的制衡性、决策程序的复杂性，为不同的政治利益集团通过专家治策方式参与决策过程提供了空间，智库作为专家决策建议的重要来源，自然在这种机制框架下获得了竞争机会。国会和总统之间、参议院和众议院之间、联邦与各州之间，不同权力的分离造成了权力行使过程中的竞争，不同机构都渴望找到独立的信息资源和政策建议来批评对方，特别在复杂问题的决策上，这种寻找外部专家力量，尤其是智库参与支持的现象更加明显。文化上，美国多元文化特征突出，鼓励创新思维，强调个体意见，鼓励智库积极参与决策咨询过程，提出不同于政府部门的看法建议，从而使社会多方面的不同声音能够通过智库的吸纳作用得以表达。人员上，"旋转门"机制为智库提供了经验丰富的政府工作人员，也让智库人员有机会进入决策圈内，智库一定程度上成为政府官员的"蓄水池"。政策上，把决策咨询作为决策过程的重要环节，同时，利用税率优惠政策，鼓励和支持企业和个人资助智库发展，以使智库获得更加广泛的资金来源。

智库在解决技术治理问题上具有优势。技术治理既涉及技术本身的发展问题，也涉及技术的社会影响问题，是一个综合问题域。作为政策和建议研究机构，智库可以超越大学的学术所囿和政府的利益所限，能够以独立的地位和身份，把政府官员、技术专家、政策专家，以及众多社会问题专家集合在一起，共同研讨，分析研究，最终形成政策建议。随着新兴技术的快速发展，技术对社会的影响范围和力度越来越大，特别在美国上下都很关注的国家安全领域，技术治理问题越来越突出，成为智库关切的重要主题。2017 年以来，布鲁金斯学会、战略与国际问题研究中心、新美国安全中心、国会研究服务处、哈佛大学贝尔弗科学与国际事务中心等机构就发布多份人工智能与国家安全方面的报告，仅以《人工智能与国家安全》为题的报告就有四份，国会研究服务处 2018 年 4 月发布了一份《人工智能和国家安全》研究报告，2020 年 8 月，又发布新的《人工智能和国家安全》研究报告。

第三节　策源机理：与决策链的嵌合与互动

　　智库是政策建议的供给方，决策者是政策建议的需求方，在联结两方的策源过程中，智库从观察问题开始，就通过推动议题设置、参加咨询作证、提供人才支持、广泛开展交流、提出政策建议等方式，嵌入整个决策过程中，形成了政策策源的内在机制。

　　智库促启新兴技术战略发展议程。按照西方政策研究学者的观点，一个问题要进入政策议程，要首先被识别为社会问题、公共问题，然后再进入决策者关注的视野，被接纳为政策问题。需要注意的是，成为政策问题也不一定能够走到最后，形成公共政策。美国政策研究学者约翰·金登的三源流理论认为，在政策系统中有三条不同的且彼此独立的源流，分别是问题源流、政策源流和政治源流，一个项目被提上议程，就是由于三条源流在特定时刻汇合在一起的结果，也就是说，在某个关键时点上，问题源流、政策源流和政治源流连接交汇，共同推动了"政策之窗"的打开，政策议程由此启动。这是一项政策得以出台的关键阶段。智库的主要职能在于"推广思想给公共政策制定者"，该阶段发挥影响最为前端，也最为重要。智库熟悉政策流程，可以通过借助媒体的宣传和引导舆论的导向，让问题能见度更高，然后再以政策系统的专业语言，对问题进行识别和推荐，促使政策系统启动政策流程。在人工智能、量子科技、合成生物学等新兴科技领域，新美国安全中心、兰德公司等知名智库能够敏锐捕捉、识别这些新兴技术影响与治理问题，先觉先析，先研先谏，充分发挥智库作用，向美国国防部、白宫、国会等政府部门建言献策，促进并推动了技术治理议程设立。

智库参与新兴技术战略发展决策过程。美国著名学者托马斯·R.戴伊把政策制定过程分为六个阶段：问题确认、议程设定、政策形成、政策合法化、政策执行以及政策评估。在每一个阶段，几乎都可以看见智库或明或暗的影子，尤其是在问题确认、政策形成、政策执行、政策评估等阶段，智库直接贡献了思想建议，甚至参与了政府委托的部分工作。戴伊认为，智库在政策制定过程发挥核心协调作用，之所以如此，是因为它可以把企业和金融机构的领导、基金会、大众传媒、一流的知识分子以及政府中有影响的人物，聚集在一起讨论研究。实际上，智库在政策制定过程的大部分阶段，不仅仅是输出思想建议，实质是对决策过程中多方面利益的协调、表达与平衡。在美军新兴技术战略发展决策过程中，兰德公司、新美国安全中心等知名智库的积极介入和参与，为政府提供了从问题识别到议题确定、从政策形成到政策评估的诸多建议，比如，根据国会要求，美国国防部专门委托兰德公司对国防部人工智能态势进行评估。另外，智库通过邀请政府决策官员参与政策建议研讨、利用"旋转门"机制向政府部门输送高级别官员，也是参与决策过程的重要体现，例如，新美国安全中心首席执行官沃克从智库高管到国防部担任常务副部长后，直接参与甚至主导决策过程，借用权力推动多项人工智能战略政策出台。

智库与决策系统进行多样互动。决策过程是一个各方建议的调适过程，也是智库与决策系统进行多样互动的过程，包括信息的交流、思想的碰撞、建议的研讨、人员的互换等。智库对于决策系统而言，好像一个社会各方声音、意见、利益的交汇平台，利用论坛、简报会、餐会等形式，将不同思想观点进行集纳分析和深入研究，形成供决策者参考的智库建议。同时，决策系统也借助智库的研究优势和人脉网络，开展专业化的政策过程分析和评估，及时吸纳智库的工作成果。鉴于此，智库拥有"近水楼台先得月"的便利条件，可以利用先行得到的信息，开展研究工作，在众多的思想竞争中获得优势。新美国安全中心高管沃克从国防部常务副部长离任后，又回到新美国安全中心，并且成为美国人工智能国家安全委员会等高级别咨询组织成员，利用靠近决策中心圈层这一优势，他为新美国安全中心参与人工智能决策、提供决策建议创造了大量先机。2018 年 6 月，美国国防部成立统筹全军范围人工智能项目的联合人工智能中心，而沃克很早就对此有所了解，在 2018 年 1 月于布鲁塞尔一次活动上透露，国防部将很快成立一个人工智能中心或类似机构。

第四节　深层网络：资本影响下的
复杂利益传导

从表面上看，智库是美国政策形成过程中具有独特地位和价值的机构，一般具有独立、客观、价值中立等特点，特别在技术治理领域，新兴技术的发展及影响似乎与复杂的利益关系和党派纷争相去甚远，智库在人工智能、量子科技、合成生物学等领域的研究和建议是智库独立性、专业性的有力体现，但是，在美国政治权力运行的大背景下，智库也不能脱离企业共同体、政治集团所构建的政策关系网络，并且成为政策合法化过程中各种利益传导的重要表达体。

"企业共同体"是美国学者威廉·多姆霍夫在《谁统治美国？公司富豪的胜利》一书中提出的名词，他将驾驭全美经济的几千家大公司、银行以及其他金融公司看作某种形式的企业共同体。他认为，企业共同体通过基金会、智库和政策研讨团体这些组织明确表达自己的整体政策偏好，并将自己的看法传达给两大政党、白宫和国会。企业共同体和上层阶级的成员通过四种基本方式参与政策规划过程。第一，他们会为政策规划过程中的核心组织提供财政支持。第二，他们会为其中的某些组织提供各种免费服务，如法律、会计等领域的帮助。第三，他们会出任这些组织的董事，为其设定总体方向，并选择管理组织日常运作的人选。第四，他们会亲自参与政策规划网络中某些团体的日常活动，或是派助理前往以了解事情的最新进展。①

　　智库通过私人基金会、企业、个人、政府拨款与合同、各类捐赠募集资金。美国知名智库研究学者麦甘发现，美国有 1736 家智库，多数智库平均每年能有 50 万美元到 70 万美元的预算，全部智库所得的总预算大概在 8.825 亿美元到 13.2375 亿美元之间，其中绝大多数来自私人捐款②。从基金会获得资金是长期稳定而且至关重要的渠道。基金会是享受免税的组织，并向非营利组织（包括政策规划的智囊团、医疗保健研究中心、学院、大学和美术馆）提供资金捐助。美国有关联邦税收法律鼓励公司企业和富有的人通过设立基金会来积累和分配财富，并借以保护他们的财产。企业的老板、经理以及富有的个人设立基金会之后，便把自己的部分财产捐赠给这些基金会，同时指定他们本人为董事长或者其朋友为委托代理人。因此，美国主要基金会的代理人都是

①［美］威廉·多姆霍夫：《谁统治美国？公司富豪的胜利》，杨晓婧译，外语教学与研究出版社 2017 年版，第 94 页。
②［美］詹姆斯·G.麦甘：《美国智库与政策建议：学者、咨询顾问与倡导者》，肖宏宇、李楠译，北京大学出版社 2018 年版，第 68 页。

精英们自己——企业的总裁们、银行的董事长们、媒体巨头们和顶尖的财富拥有者们。[1]

基金会通过智库在政策制定过程中发挥着重要作用。作为资金来源和项目发起者，基金会是政策规划过程不可或缺的组成部分。与常规的看法相反，它们的作用不仅仅局限于为慈善机构和"价值中立"的学术研究提供资助。从起源、领导和目标等方面来看，基金会其实是公司共同体的延伸。[2] 美国学者戴伊认为，在美国自上而下的政策制定模式中，利益集团的活动主宰着政策制定，基金会、智库和政策策划组织发挥着关键性的作用。在基金会、智库和政策策划组织三者关系中，基金会的作用更具有决定意义，因为智库和政策策划组织，包括大学的研究机构，都要受各种基金会的操纵。基金会通过资金资助来操纵政策制定过程，主要作用是确定国家应该优先解决的问题和支持研究新的政策导向。

智库一般都设有董事会，由提供资金的基金会人员、捐赠人员、知名学者等组成。智库董事对于智库的资金分配、研究议题的确立拥有表决权；对于智库管理层以及各个研究分中心主任的人事任免拥有表决权。大部分美国知名智库都存在着董事在其他

---

① ［美］托马斯·R. 戴伊：《自上而下政策制定》，鞠方安、吴忧译，中国人民大学出版社 2002 年版，第 49 页。

② ［美］威廉·多姆霍夫：《谁统治美国？公司富豪的胜利》，杨晓婧译，外语教学与研究出版社 2017 年版，第 112 页。

机构兼职的现象。对于同一人在两个及两个以上公司董事会兼职时产生的连锁称为董事连锁，所涉及的董事称为连锁董事。这些连锁董事不但是智库董事，而且往往也是数家知名公司的董事，被视为美国社会的"权力精英"。[①] 在美国政策制定网络中，这些智库董事就是其中的网络节点，联结着各种利益关系，传导着不同利益需求。美国的企业主们正是通过董事连锁的方式，牢牢掌握着智库的经营和运作。他们以董事的身份参与智库日常管理和决策，使智库向政府和白宫推销的政策研究成果有利于这一阶层。

在军事技术领域，智库背后的深层利益网络还涉及军事—工业复合体（Military-Industry Complex）这一特殊现象。军事—工业复合体来源于 1961 年美国总统艾森豪威尔的最后一次演讲，形象说明了美国国防部门、军工企业、部分国会议员等组成的庞大利益集团及其间复杂的利益交织关系。随着美国国防开支的不断增长，军事—工业复合体在美国政治、军事、经济、教育等诸多领域不断渗透和扩张，其中也包括智库的参与和作用。在新一轮科技革命背景下，人工智能、量子、高超声速、生物等新兴技术正在加快研发，加速向武器化发展。以人工智能为例，目前美军在人工智能方面布局了大量项目，或研发新的自主武器，或提升

---

① 关琳、李刚、陈媛媛：《美国智库"独立性"拷问——基于董事连锁网络的实证考察》，《光明日报》2015 年 6 月 17 日。

坦克、飞机等武器平台性能，并为之投入大量经费，仅国防高级研究计划局就计划未来 5 年投资 20 亿美元开展人工智能项目研究，国防部联合人工智能中心未来 5 年预算将达到 17 亿美元，重点发展学习与智能、先进计算及人工智能系统。在这些可见和未来的"利益蛋糕"驱使下，智库尽管以技术治理和国家安全的招牌，开展独立研究并中立建言，但其背后所隐藏的董事连锁关系、基金会的资助作用以及相关企业的利益传导影响却不容忽视。

结　语

科学技术是核心战斗力。在新一轮科技革命和产业革命与军事革命的历史交汇期，科技发展正在重塑军事系统要素及其构成方式，正在改变未来战争形态。随着国防科技的战略价值日益突出，加快发展国防科技，抢占发展先机，争占发展制高点，成为大国的战略选择。

军事技术的价值与地位很大程度上取决于对科技革命所形成的发展机遇的认识和把握，因为在科技革命的孕育形成时期，新兴技术发展呈现出多点突破、交叉创新、快速迭代的特征，蕴含着许多新的发展机遇，同时这也意味着一个国家的科技实力、军事实力以及综合国力可以获得新的、更多的驱动力。但是，技术机遇的获取和利用不是自然而然的过程，需要对科学技术的组织开发进行主动设计与构建。国防科技发展尤为如此。第二次世界大战后，美国积极适应以通信电子、原子能、计算机技术为代表的技术革命浪潮，不断提升国防科技管理机构层级地位，国防部科技管理机构领导人由助理部长级逐步升至副部长级，体现了美国对发展先进军事技术的高度重视，进而也产生了诸如互联网、卫星导航、隐身飞机等原创性的技术成果，形成了技术机遇、管理设计与创新成果之间的发展路径，引领了 20 世纪 90 年代影响广泛的军事革命，也塑造了信息化战争时代支撑霸权的军事优势。

技术优势是国家安全的关键。和平时期，提供威慑；危机时刻，提供手段；战争来临，提供利器。21 世纪以来，移动互联网、大数据、人工智能、脑科学等技术交叉融合发展，正在引发新一轮科技革命和产业变革，特别是人工智能已经成为新一轮科技革命和产业变革的重要驱动力量，正在引发链式突破，包括向军事领域的全面渗透和深度影响。在此背景下，美国国防部于 2018 年又重新设立负责研究与工程的副部长，还设置了负责推进人工智能、量子科技、高超声速等技术领域的专门机构。这些机构成为美国利用战略机遇、主动塑造优势的重要依托。

与冷战时期第二次科技革命的军向民传导发展模式不同，新一轮科技革命主要由商业技术引发，并且主要靠商业领域的力量驱动和扩散，在国防科技领域呈现出民向军传导的发展模式。与此同时，不同科技领域之间的交叉性、联动性增加，新的科技领域不断涌现，影响范围和影响深度不断扩大，加之国防科技系统叠加于国家科技发展系统和整个社会发展体系之上，与安全、经济、教育、投资等领域交织关联密切，总体上看，国防科技内生变量活跃，发展线程转换，牵涉因素复杂，客观上需要在战略发展决策过程中得到外部智力输入和支持。

智库是国防科技战略决策链路中的重要支撑力量。从时间维度划分，在战略制定之前，智库发挥着形势分析、战略研判和领域设计的辅助职能，既是需求的带动者，提出作战概念、构想未来作战场景，又是发展的引领者，分析未来科技环境、建言总体发展策略。在战略制定过程中，智库发挥着决策咨询和保障职能，既是领域的推动者，展望各技术领域发展、提出规划设想，又是方案的提出者，设计发展路线、明确发展目标等。在战略执行中，智库发挥着评估和纠错职能，既是战略的监督者，分析战略执行效率、查找问题症结，又是改革的推动者，明确改革方向、提出改革设想。

智库是学术理论研究和业务实践研究的综合体，是战略与政策领域研究的特别视角和重要资源。智库与国防科技战略发展之间的互动影响，特别是智库为决策体系所贡献的策源作用，为研究分析一个国家的战略决策提供了重要的内容价值和方法论意义。按照逆向分析的思路，通过分析智库在战略决策链路中所发挥的作用，可以借助智库报告研判战略内容，而不同领域的智库报告，不同智库的研究成果，可以像马赛克一样拼接在一起，由此可以对一个国家的国防科技战略进行较为深入的分析和勾画。

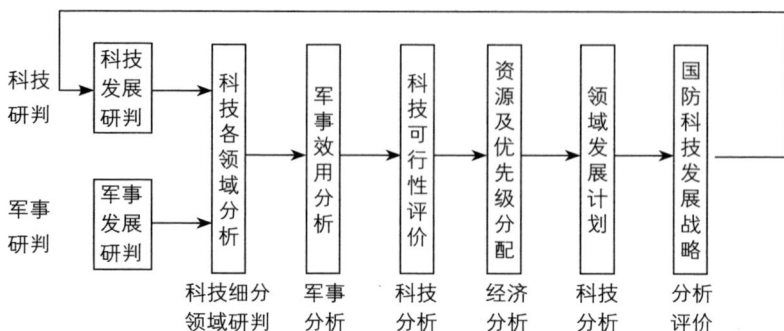

图结–1　国防科技战略生成链路

首先，可以对智库关于国防科技发展的各类报告，根据战略生成链路进行初步分类，大致判断报告适用的环节和阶段。一般而言，越是靠近链条右侧，报告的参考价值越高，其中，社会智库涉及的科技分析研判较多；体制内智库，特别是国防科学委员会、国防创新委员会等内部咨询组织，以及兰德公司、防务分析研究所等受军方资助的智库，涉及的军事研判分析较多。此外，不同的智库，专长于不同的领域，如新美国安全中心的人工智能领域等，可根据不同智库的特色领域，研判分析报告的价值。

其次，对各类报告观点进行分类归纳，寻找共识项、标记差异项，对于差异项，根据智库地位、能力等作出取舍判断，由此可得出大致的战略判断。

最后，通过政府各类战略文本、政策文件、预算报告等，对归纳提出的观点进行校准，特别是通过校准过程，可以对不同智库及其报告进行排序，筛选出高质量智库和报告，为战略发展研究提供参考和借鉴。

　　以上只是从智库视角分析研究国防科技战略决策的途径简述。其实，在研究过程中，还可以进一步挖掘智库这一富矿资源，从智库的人员网络、会议活动、业务关联等方面梳理资料、研析动向、印证观点，同时，还可以从研究内容上进行开掘深化，从战略层面向行动层面、从决策领域向执行领域延伸和拓展。通过对智库的观察和分析，管中窥豹，实现对研究对象国防科技发展较为全面、深入的感知、刻画和预判。

附录

人工智能定义 [①]

　　鉴于各领域对于人工智能有着不同的定义，为便于参考，本附录收集了美国联邦政府、学术界和技术界提出的一些人工智能定义。美国国会研究服务处 2019 年的报告对此进行了总结，并指出："几乎所有人工智能学术研究都承认，由于该领域的研究方法多种多样，所以不存在公认的人工智能定义。"

　　《2019 年国防授权法案》

　　《2019 年国防授权法案》在第 238（g）节提供了以下人工智能定义：

　　●在各种各样、不可预测的情况下执行任务且无需大量人类监督的任何人工系统，或在面对数据集时可从经验中学习并提高

---

　　① 摘自兰德公司 2019 年发布的《国防部人工智能态势：评估与建议》（*The Department of Defense Posture for Artificial Intelligence Assessment and Recommendations*）研究报告附录 E《人工智能的定义》。

性能的任何人工系统。

●在计算机软件、物理硬件或其他环境下开发的人工系统，用于解决需要类人感知、认知、规划、学习、沟通或实际行动的任务。

●像人类一样思考或行动的人工系统，包括认知架构和神经网络。

●一组接近认知任务的技术，包括机器学习。

●可采取合理行动的人工系统，包括智能软件代理或嵌入式机器人，通过感知、规划、推理、学习、沟通、决策和行动来实现目标。

2018 年《国防部人工智能战略》

2018 年《国防部人工智能战略》概要指出："人工智能是指机器执行通常需要人类智慧的任务的能力，例如以数字方式识别模式、从经验中学习、得出结论、作出预测或采取行动，或作为自主物理系统背后的智能软件。"

美国国防高级研究计划局

美国国防高级研究计划局信息创新办公室前主任将人工智能定义为"处理信息的程序化能力"，并强调了人工智能的三次（成功）浪潮，展示了感知、学习、抽象和推理四个方面的不同进展。

美国国家科学技术委员会

美国国家科学技术委员会的一份报告指出："没有任何一个

人工智能定义被业界普遍接受。有些人将人工智能宽松地定义为一种能够展示通常被认为需要智能行为的计算机化系统。其他人则将人工智能定义为：能够在现实世界中的任何情况下合理解决复杂问题或采取适当行动以实现其目标的系统。"

美国国家科学基金会

由美国国家科学基金会资助的美国种子基金的彼得·阿瑟顿在该基金有关人工智能的网页上写道："本主题专注于人工智能领域的创新，即机器或软件所展现的智能。人工智能并非特定的技术或技术方法，而是一个旨在实现基于机器的智能的研究领域。当前的人工智能技术针对特定的问题集。人工智能（可以像人类一样推理的机器）仍然是一个虚无缥缈的长期目标。"

美国国家科学基金会国家人工智能研究所 2019 年的一份招标书对人工智能的定义作出如下说明：

人工智能使计算机和其他自动化系统能够执行过去需要人类认知和人类决策能力才能执行的任务。因此，人工智能研究涉及对思想和智能行为的底层机制的理解及其在机器中的实现。完整的人工智能工作本质上是多学科的，研究的是了解和开发可在现实世界感知、学习、推理、沟通和行动，表现出灵活性、机智、创造力、实时响应能力和长期反思能力，使用各种表示或推理方法并在复杂环境和社交情境下展示其能力的系统。

美国国家标准与技术研究院

美国国家标准与技术研究院在 2019 年的一份报告中引用了

美国国家标准协会提出的关于人工智能的定义。

人工智能是计算机科学的一个分支，致力于开发数据处理系统，该系统执行的能力通常与人类智能有关，例如推理、学习和自我改进。

美国国家标准与技术研究院的报告还引用了国际标准化组织和国际电工委员会的定义。

人工智能：系统获取、处理和应用知识[①]的能力。

人工智能系统：使用人工智能解决问题的技术系统。

美国人工智能协会

美国人工智能协会在其网站上表示，人工智能的宗旨是增进对"思想和智能行为的基础机制及其在机器中的体现"的科学理解。

美国政府问责局

尽管美国政府问责局在其最新的人工智能技术评估报告中未明确定义人工智能，但它在对该领域的介绍中指出人工智能的定义多种多样。

人工智能基于机器可用来模拟人类智能的概念，其定义五花八门，研究人员还区分了狭义人工智能和广义人工智能。狭义人工智能是指提供特定领域专业知识或完成任务的应用程序，包括当今的机器人技术和税务申报软件及在线"聊天机器人"等应

---

① 知识是指通过经验或学习获得的事实、信息和技能。

用，它们可回答有关某款产品或服务的问题。广义人工智能是指在人类可能交互的各种情境下展现出与人类相当或更高的智能的人工智能系统，虚构例子包括电影《2001太空漫游》中的计算机H.A.L.和电视连续剧《星际迷航：下一代》中的"数据中尉"。

（陈银娣、高倩、王宇、张羽丰译）

美国国防部的人工智能历史 [①]

在大肆宣传炒作下，人们很容易忘记人工智能以及国防部参与的人工智能项目并非新鲜事物。我们第一个案例研究考察了国防部的人工智能历史，它与人工智能自身的历史平行，因为在 20 世纪下半叶国防部是人工智能和机器学习的主要资助者。

20 世纪 50 年代用于人工智能和机器学习研究的资金主要来自国防部，私人基金会（例如洛克菲勒基金会）和产业界（例如 IBM）的捐款很少。

20 世纪 60 年代初，IBM 突然停止了对人工智能研究的支持，高级研究计划局成为国防部人工智能研究的主要资助机构。当时，高级研究计划局资助了人而非资助项目，对可交付成果的定义不明确或根本未期望产生可交付成果。兰德公司和斯坦福研究所等智库还保持了由国防部资助的大量人工智能研究项目。

20 世纪 70 年代，高级研究计划局内外发生了巨大变化，迫

---

① 摘自兰德公司 2019 年发布的《国防部人工智能态势：评估与建议》（*The Department of Defense Posture for Artificial Intelligence Assessment and Recommendations*）研究报告附录 D《历史案例研究》。

使国防部的投资从人工智能基础研究转向直接军事应用。许多期望未能得到满足，有时缺乏明确的性能标准，使高级研究计划局内外对人工智能研究的进度大失所望，导致随后数年研究经费减少。例如，1966 年语言自动处理咨询委员会的报告发现，当时的机器语言翻译研究（例如赖特·帕特森空军基地的 Mark II 自动语言翻译器项目）未能实现提高翻译人员准确性、速度或成本效益的目标。再如，20 世纪 70 年代的语音理解项目希望开发出一种能达到一万个单词词汇量的语音识别系统，该项目于 1971 年启动，为期 5 年，耗资 300 万美元，当时预计还将实施后续 5 年计划。1976 年该项目展示了三个竣工系统，美国国防高级研究计划局（高级研究计划局于 1972 年更名为国防高级研究计划局）的管理人员和人工智能研究人员对其是否达到了性能标准产生了分歧，原因在于项目启动时未充分明确测试流程。

20 世纪 80 年代初，很多人认为应该让人工智能在军用和民用领域开展实际应用。1983 年，美国国防高级研究计划局启动了战略计算计划，其目的是通过开发"可以看、听、交谈、计划和推理的新一代计算机"，提供"可应用于重大防御问题的广泛的机器智能技术基础"。战略计算计划是一个实验性项目，采用前所未有的大胆的新拨款模式，试图解决国防部面临的压力，该模式完全不同于美国国防高级研究计划局在过去 20 年为其研究人员提供资金的方式。战略计算计划试图通过进行基础技术开发来规避国防部面临的压力，并将其归属于以不同武装部队的特定项目为导向的应用研究。它成功地大幅度增加了用于人工智能和高级计算的研发资金，并培养了更多的人工智能人才。但相关人员很快发现，1983 年制定的技术目标过于雄心勃勃，当时的技术无法开发出某些期望的应用，投入作战应用的想法则更加虚无缥缈。

20 世纪 80 年代中期，始于 20 世纪 60 年代的漫长的"神经网络寒冬"开始解冻，这得益于处理能力的日益提高，使得在常规计算机上模拟神经网络变得切实可行。1987 年初，商业投资者对人工智能失去热情，但国防部对人工智能的热情依然保持。实际上，美国国防高级研究计划局于 1988 年 12 月宣布启动"人工神经网络技术"项目。该项目的预算为 3300 万美元，为期 28 个月，用于探索性种子计划以研究新技术。

尽管如此，事实证明专家系统远未达到改变游戏规则的高度，其开发和维护成本往往高于所取代的人类的成本。商业领域的幻想破灭对新生的人工智能行业造成了重创，引发了举世闻名的"人工智能寒冬"。几年后，神经网络也失去了耀眼的光环，原因是只能在现有计算机上训练相对简单的神经网络，取得的实验成功较小。

今天，凭借坚持不懈的努力实现我们今天所看到的深度学习成就的学术界研究人员有时将该时期称为第二个"神经网络寒冬"。扬·莱坎凭借对计算机领域的巨大贡献荣获 2018 年图灵奖，他将第二个"神经网络寒冬"归因于机器学习研究人员对理论可处理性的美学偏好。莱坎担心过度夸大深度学习"很可能导致另一个寒冬周期"。

总而言之,从该案例研究结论可能与我们的态势评估维度一致,如下所示。

●组织、推进、应用:人工智能的历史充斥着毫无管控的期望和过早炒作。我们应慎重,切勿重蹈覆辙。

●推进、应用:得出的推论是,国防部应该抵制诱惑,切勿像战略计算计划那样试图在技术尚未成熟时就安排转移来强行推进技术。

●组织、推进:即使专家也很难预测哪些任务是容易的,哪些是困难的。实践经验始终是难度的最终仲裁者。因此,保持敏捷性和灵活性并避免过早的技术锁定非常重要。

（陈银娣、高倩、王宇、张羽丰译）

美国国防部人工智能分项支出 [①]

美国 Govini 数据与分析公司的人工智能分类包括三个功能领域及其十一个子领域（见图附 –1）。层次化的组织结构旨在提供从高层支出趋势到具体项目和技术解决方案的细节洞察。每个细分领域均记录了 2012 财年至 2017 财年的年度支出和 5 年复合增长率。2017 财年的最终价值是根据截至 2017 年 10 月的公共支出数据估算的。

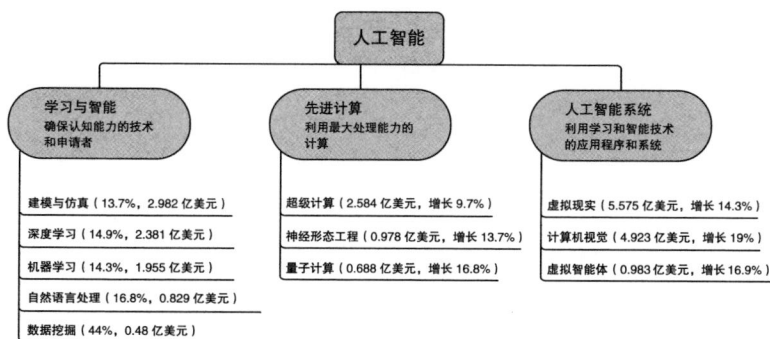

图附 –1　美国 Govini 数据与分析公司发布的美国防部人工智能分项支出

[①] 摘自美国 Govini 数据与分析公司 2017 年发布的《国防部人工智能、大数据与云技术分项支出》(*Department of Defense Artificial Intelligence, Big Data and Cloud Taxonomy*) 报告。

Govini 数据与分析公司发布的美国防部人工智能分项支出表明，通过与任务系统的作战概念相融合，人工智能在国防部内更具吸引力。人工智能系统不仅是规模最大的子领域之一，也是支出增长最快的领域。自 2012 财年以来，它占了总分类支出的 14.9%，年复合增长率为 16.4%。其他人工智能相关领域也有强劲的支出增长：学习与智能支出的年复合增长率为 13.7%，先进计算支出的年复合增长率为 11.6%。

一、美国防部正大力投资提高人工智能学习与智能的相关技能和工具

美国防部学习与智能支出年复合增长率为 13.7%，在人工智能，大数据和云分类领域中排名第二。比起支出的整体增长，其子领域支出的优先次序令人意外。

自然语言处理（NLP）支出增长最快，年复合增长率为 16.8%。美国国防高级研究计划局通过诸如"广泛操作语言翻译"和"用于紧急事件的低资源语言"等项目，推动了支出增长，使其增长率占六年总支出的 60.5%。

其他学习和智能子领域的支出也呈强劲增长趋势：深度学习支出的年复合增长率为 14.9%，机器学习支出的年复合增长率为 14.3%。

Govini 将学习与智能领域分为五个子领域。

● 建模与仿真——无需测试即可促进对系统行为的理解。

● 深度学习——模仿认知功能，例如学习或解决问题。

● 机器学习——计算机无需明确编程即可学习的能力。

● 自然语言处理——用于处理大型自然语言编程。

● 数据挖掘——发现大型数据集中的处理模式，并将数据转换为易于理解的结构，以便进一步分析。

二、先进计算使人工智能扩展到狭窄的系统应用之外

先进计算是人工智能的真正推动者。它允许机器在接触学习算法和训练数据后，计算出如何执行任务。

国防部持续投资提高计算能力，特别是在 2017 财年整个领域的支出从 2016 财年的 2.285 亿美元增长至 2017 财年的 4.249 亿美元，增幅为 85.9%。自 2012 财年以来，美国国防高级研究计划局支出占总支出的 37.3%，是国防部所有资助机构中最多的。海军海上系统司令部，陆军模拟、训练与仪器项目执行官办公室和华纳罗宾斯航空后勤中心也是先进计算领域最大的支出机构。

Govini 将先进计算领域主要划分为三个子领域。

● 超级计算——计算性能，以每秒的浮点运算衡量。

● 神经形态工程——运用包含电子模拟电路的超大规模集成系统来模拟神经生物结构。

●量子计算——使用量子位，它可以是状态的叠加，而非二进制位，而二进制位总是处于一或两种确定的状态（0或1）。

三、2017财年，先进计算的支出持续大幅增长

十年前，先进计算的支出主要是由科学领导层合理分配的。如今，其支出有更实际的原因；先进计算是深度学习和自主的基础。所有这些都在国防部的作战概念中具有交叉应用。

这就是"第三次抵消战略"的目的，而人工智能和先进计算是成功实施该战略的关键。先进计算是由克雷公司（Cray）主导，其市场份额占到25.1%，是最大、最成熟的子领域。克雷公司的计算机还被其他几家承包商用作其技术解决方案的一部分。与英伟达、Asetek、Aspen Systems、Gidel 和 Atipa 等公司一样，IBM 也是国防市场的重要参与者。

从执行合同和资助合同的组织类型可以明显看出，神经形态工程和量子计算不如先进计算成熟。美国国防高级研究计划局在神经形态工程的支出占总支出的53.8%，其中大部分拨给了加州大学、IBM、南加州大学、麻省理工学院和 HRL 实验室的董事会。某些类似组织正在执行量子计算合同，特别是 HRL 实验室和南加州大学。就像美国国防高级研究计划局的神经形态工程一样，将提供大部分资金用于量子计算工作，自2012财年以来，其市场支出占子领域的68.2%。

四、2012 财年以来人工智能系统的支出在所有人工智能分类中增长最快

国防部已经开始将人工智能与任务系统和作战概念相融合。尽管对应用程序进行了狭义的定义，但数年的支出增长表明，人工智能已在测试和开发阶段之外，获得了更多的关注。

考虑到持续的高投资，虚拟现实是人工智能系统领域中最大的子领域，且是最成熟的。正如持续的资金支持所表明的，虚拟现实正在重新定义跨战场领域的规划、模拟和训练。

计算机视觉是人工智能系统领域中另一个较为成熟的子领域，也正在受到关注。其支出相比增加了 19%，是所有人工智能领域分类中最多的。其各项服务功能都在提高相应支出。陆军重点投资于高分辨率 3D 地理空间信息，空军则在包括先进合成机载雷达传感器在内的多种功能上进行了投资，而海军则认为计算机视觉在多光谱目标方面更有前景。

虚拟智能体虽然在人工智能系统领域中占比最小，但仍吸引了相应投资。其在 2012 财年至 2017 财年的支出增长了 16.9%，其中大部分支出是由美国国防高级研究计划局分配的。

Govini 将人工智能系统领域支出主要划分为三个子领域。

●虚拟现实——提供虚拟存在和人为影响的环境。

●计算机视觉——使人类视觉任务自动化的系统，包括获

取、处理和分析数字图像和高维数据。

●虚拟智能体——抽象的功能系统，响应广泛的问题。

五、人工智能已经超越了研发领域，并开始在任务系统中发挥重要作用

人工智能具有在战争中创造非对称优势的巨大潜力。它在反应、适应和预测场景方面的速度和准确性，使其成为国防部"第三次抵消战略"的基石。尽管人工智能的广泛应用面临若干挑战，但国防部已开始投资于人工智能可以满足人类特定目标的认知应用。

用于战斗模拟和训练的虚拟现实就是这些应用之一。事实证明，人工智能在多种情况下都可以匹配甚至超越人类最好的认知。因此，国防部已经将人工智能应用于其各解决方案中，包括雷声公司、洛克希德·马丁公司、SRI 国际公司和 JF 泰勒公司在内的虚拟仿真与培训的主要供应商，都在寻求将人工智能与公司项目融合的更好方式。

计算机视觉，是人工智能系统领域的第二大子领域，正在应用于许多关键的作战任务，如情报监视与侦察，其中美国莱多斯公司支持陆军地理空间中心的高分辨率 3D 地理空间信息项目，而雷声公司则提供了多光谱瞄准系统以及其他与计算机视觉相关的技术。研发领域包括高分辨率、宽视角的千兆像素相机和用于

处理图像数据的神经形态微芯片。此外，计算机视觉的其他应用也得到了相应的资助，包括检测飞机缺陷及海底地形测绘。

（杨亚超译，王璐菲、蔡文蓉校，周娟制图）

全球"最佳人工智能智库"

2020年2月，美国宾夕法尼亚大学劳德研究所智库与公民社会项目发布《2019年全球智库指数报告》，首次评选全球最佳人工智能智库。宾夕法尼亚大学劳德研究所智库与公民社会项目自2006年起每年发布一期《全球智库指数报告》，至今已连续发布14期，形成了一套相对成熟的智库评价方法，所发布智库排名在业界具有较高权威性。该报告除对全球智库进行综合评价与排名外，还按地区、研究领域和特殊成就等对全球智库的年度表现进行公开排序。

根据该报告，按研究领域划分，2019年，全球前十大国防与国家安全类智库分别为国际战略研究所（英国）、兰德公司（美国）、布鲁金斯学会（美国）、皇家联合军种研究所（英国）、哈佛大学贝尔弗科学与国际事务中心（美国）、欧盟安全研究所（法国）、卡内基国际和平基金会（美国）、大西洋理事会（美国）、国家防卫研究所（日本）、新美国安全中心（美国）；美国战略与国际问题研究中心则是2016—2018年全球国防与国家安全类卓越智库。由于新兴技术特别是人工智能正在改变世界政治、经济、社会生活等各个领域，2019 年度报告首次引入全球最佳人工智能智库名单。其中榜上有名的美国年度人工智能智库包括：纽约大学当代人工智能研究所、哈佛大学贝尔弗科学与国际事务中心、布鲁金斯学会、卡内基国际和平基金会、新美国安全中心、乔治敦大学安全与新兴技术中心、战略与国际问题研究中心、未来生命研究所、传统基金会、哈德逊研究所、谷歌旗下 Jigsaw 公司、美国麦肯锡全球研究所、开放人工智能、兰德公司、斯坦福人工智能实验室、斯坦福以人为中心人工智能研究所、史汀生中心、未来社会、宾夕法尼亚大学劳德研究所智库与公民社会项目、都市研究所、伍德罗·威尔逊国际学者中心等（见表附 -1）。

表附 -1　2019 年度最佳人工智能智库名单（排名不分先后）

序号	智库名称	所属国家
1	纽约大学当代人工智能研究所	美国
2	贝尔弗科学与国际事务中心	美国
3	布鲁金斯学会	美国
4	佳能全球研究所	日本
5	卡内基国际和平基金会	美国
6	新美国安全中心	美国
7	乔治敦大学安全与新兴技术中心	美国
8	战略与国际问题研究中心	美国
9	国际治理创新中心	加拿大
10	开放数据研究中心	印度
11	英国皇家国际事务研究所（查塔姆研究所）	英国
12	法国国际关系研究所	法国
13	瓦加斯基金会	巴西

序号	智库名称	所属国家
14	人类未来研究所	英国
15	未来生命研究所	美国
16	德国发展研究所	德国
17	谷歌人工智能研究中心	瑞士
18	谷歌深脑	英国
19	传统基金会	美国
20	哈德逊研究所	美国
21	社会学科学信息研究所	俄罗斯
22	意大利国际政治研究所	意大利
23	国家安全研究所	以色列
24	千年研究所	巴西
25	海国图智	中国
26	International Buness in Technology in America	美国
27	国际伊比利亚纳米技术实验室	葡萄牙
28	谷歌旗下 Jigsaw 公司	美国
29	康拉德·阿登纳基金会	德国
30	韩国科学技术院	韩国
31	里斯本理事会	比利时
32	美国麦肯锡全球研究所	美国
33	开放人工智能	美国
34	帕洛阿尔托研究中心	美国
35	公共事务中心	印度
36	兰德公司	美国
37	皇家联合军种研究所	英国
38	三星人工智能研究中心	韩国
39	斯坦福人工智能实验室	美国
40	斯坦福以人为中心人工智能研究所	美国
41	新责任基金会	德国
42	史汀生中心	美国
43	未来社会	美国
44	宾夕法尼亚大学劳德研究所智库与公民社会项目	美国

序号	智库名称	所属国家
45	开普敦大学	韩国
46	都市研究所	美国
47	人工智能矢量研究所	加拿大
48	Vitio	
49	伍德罗·威尔逊国际学者中心	美国

（王璐菲编译整理）

美国智库人工智能相关
研究报告简表 ①

报告名称	智库名称	发布时间	内容简介
《游戏规则改变者：颠覆性技术与美国国防战略》	新美国安全中心	2013 年 9 月	报告专项评估颠覆性技术对未来战争的影响，建议在未来五年国防支出紧缩的情况下，美国会应保护潜在的颠覆性技术投资，并使其处于优先地位
《战场机器人之一：作战范围、持续能力与危情处置》	新美国安全中心	2014 年	报告主要研究无人与自主系统的作战优势，可实现的新作战概念，重点关注单兵机器人在作战范围、持续作战能力和危险任务执行等方面的优势
《战场机器人之二：即将来临的机器人集群》	新美国安全中心	2014 年 8 月	报告研究机器人技术革命对美军战场规模化作战力量的影响，并阐述无人系统集群作战的优势
《20YY：为机器人时代的战争做好准备》	新美国安全中心	2015 年	报告认为战争模式即将发生转变，分析了这种转变的原因及其对美国防务战略和国家安全的影响，并对美国国防部应对转变提出建议

① 数据截至 2020 年 8 月。

报告名称	智库名称	发布时间	内容简介
《钢铁侠与蛙人：海上作战中的外穿戴设备》	新美国安全中心	2015 年 1 月	报告简要介绍机械套装的背景、定义、发展简史、相关支撑技术及其现状，并讨论了未来 5 年的发展趋势
《评估"第三次抵消战略"》	战略与国际问题研究中心	2017 年 3 月	该报告汇集了美国国防部高级官员、战略专家、防务企业高管等各方专家对"第三次抵消战略"相关问题的讨论与分析
《人工智能与国家安全》	美国哈佛大学贝尔弗科学与国际事务中心	2017 年 7 月	报告分析了人工智能技术通过变革军事、信息与经济优势将对国家安全产生的颠覆性影响，基于核、航空航天、网络和生物技术四种技术发展的经验教训，分别围绕确保人工智能技术领先、支持人工智能和平应用（军事）和商业应用、降低灾难性风险三大目标提出十一项具体建议
《技术和数字安全的趋势》	乔治华盛顿大学网络和国土安全中心	2017 年 11 月	报告认为 2017 年 9 月国防部发布加速采用云计算备忘录的主要目的在于做好前期准备工作，以便未来通过人工智能更好利用国防部庞大的数据存储库
《战场奇点：人工智能、军事变革与中国未来军事力量》	新美国安全中心	2017 年 12 月	报告认为人工智能将成为推动未来军事变革的关键因素，分析了中国在人工智能军事化应用方面的战略规划和发展动向，并对如何确保美国在人工智能领域的军事与战略竞争力提出若干建议
《国防部人工智能、大数据与云技术分项支出》	美国 Govini 数据与分析公司	2017 年 12 月	报告利用数据科学的方法分析了美国防部 2012—2017 财年在人工智能、大数据和云领域的开支水平

续表

报告名称	智库名称	发布时间	内容简介
《预测、防止和减少人工智能的恶意使用》	新美国安全中心	2018 年 2 月	报告研究了人工智能被恶意使用问题的潜在安全威胁，就如何更好地预测、防止和减少恶意使用威胁提出了方法建议。其中重点关注在缺乏充分防御机制时，未来会出现哪些攻击类型
《美国机器智能国家战略》	战略与国际问题研究中心	2018 年 3 月	报告认为，为避免在"机器智能革命"中落后，美国有必要制定国家层面的战略，并为此提供基本框架
《人工智能对核战争风险的影响》	兰德公司	2018 年 4 月	报告主要强调了使用人工智能技术可能对军事决策带来的风险，而不是关注自动驾驶飞机等其他威胁
《未来地面部队人机编队》	战略与预算评估中心	2018 年 4 月	报告主要研究四个方面：发展未来地面部队人机编队的主要推动因素、可使未来地面部队在战争中获得竞争优势的三大人机编队形式、发展未来人机编队面临的主要挑战以及通过人机编队提高未来地面部队作战效能的战略
《人工智能和国家安全》	美国国会研究服务处	2018 年 4 月	报告从立法者角度探讨了军事人工智能的潜在问题
《"第三次抵消战略"的思考：应对自主化与人工智能在军事中的挑战》	美国海军分析中心	2018 年 5 月	报告研究提出改进自主化与人工智能技术采办、提升自主化武器系统的互操作性、降低致命性自主化武器的风险、消除对致命性自主化的担心等决策建议
《技术轮盘赌：军方在追求技术优势时应管控技术失控》	新美国安全中心	2018 年 5 月	报告认为技术优势不等于安全，军方在发展先进技术、追求技术优势时，可能因人为错误、突发效应、滥用和误解等引发技术失控，建议美国国防部和情报机构强化风险认识，重视防范技术失控风险

续表

报告名称	智库名称	发布时间	内容简介
《人工智能：决策者须知》	新美国安全中心	2018 年 6 月	报告认为，在全球人工智能革命中，美国决策者需要了解人工智能系统发展现状、潜在应用、安全问题等，以支撑其决策，维持美国在人工智能研究创新方面的领导力，确保人工智能在国家安全领域安全、负责任地应用
《人工智能与国际安全》	新美国安全中心	2018 年 7 月	报告阐释了人工智能在国家安全各领域的应用，分析了人工智能对国际安全环境的影响，建议美国政府从国家战略层面考虑如何利用人工智能的益处，以获得领先优势
《人工智能时代的战略竞争》	新美国安全中心	2018 年 7 月	报告分析了人工智能发展可能对未来国家实力及国际竞争产生的影响，并建议美国制定国家人工智能战略，以确保在人工智能领域的世界领先地位
《人工智能军事规划》白皮书	电子前哨基金会	2018 年 8 月	报告阐述了人工智能应用于军事领域的风险以及规避风险的议程
《战争中的人工智能和自主系统：理解并降低风险》	美国海军分析中心	2018 年 8 月	报告重点总结了媒体和专家对人工智能和自主系统应用于战争的担忧，评估了战争中人工智能和自主系统的风险，并提出降低风险的相关措施和建议
《2020—2040 年军事技术变化趋势预测》	布鲁金斯学会	2018 年 9 月	报告将未来 20 年可部署应用的关键军事技术划分为四大领域，并对各领域的发展趋势进行了分析预测
《人工智能与国家安全：人工智能生态系统的重要性》	战略与国际问题研究中心	2018 年 11 月	报告主要阐述了美国对人工智能的投入、人工智能在美国国家安全领域的应用，以及未来美国人工智能发展建议

报告名称	智库名称	发布时间	内容简介
《美国地面部队机器人和自主系统以及人工智能：国会应考虑的问题》	美国国会研究服务处	2018 年 11 月	报告探讨了机器人与自主系统和人工智能之间的融合，并提出国会需要考虑的一系列问题
《自动化信息作战：战略制胜的机制》	美国陆战研究所	2018 年 11 月	报告主要讨论利用人工智能监控特定受众的影响，分析了通过数字媒体网络产生和传播误导性信息的威胁
《人工智能对国家安全战略的影响》	布鲁金斯学会	2018 年 11 月	报告分析了人工智能和其他新兴技术带来的新挑战和政策方案，详细论述了人工智能对国家安全战略的影响
《美国为何需要人工智能国家战略及其应有内容》	信息技术与创新基金会	2018 年 12 月	报告阐释了制定人工智能国家战略的意义，提出美国人工智能国家战略的六大目标和八个方面的建议
《人工智能发展的关键在于正确的投资》	乔治敦大学安全和新兴技术中心	2019 年 6 月	报告重点研究美国的人工智能投资问题
《"马赛克战"：重塑美国军事竞争力》	米切尔航空航天研究所	2019 年 9 月	报告系统阐述"马赛克战"概念内涵、潜在影响和概念可行性，建议美军重点开展三方面研究工作
《人工智能与国家安全》	美国会研究服务处	2019 年 11 月更新	报告对人工智能技术的军事应用进行详细分析，提出美国会应考虑的问题等

续表

报告名称	智库名称	发布时间	内容简介
《2016—2019 年进展报告：推进人工智能研发》	美国国家科学技术委员会	2019 年 11 月	报告总结了美联邦政府各机构按照《国家人工智能研究与发展战略规划》有关要求，在人工智能研发方面的重要进展
2019 年年度报告	美中经济安全审查委员会	2019 年 11 月	报告认为中国已经将人工智能技术放在首位，可增强中国应对中美冲突时的军事力量
《人工智能原则和实施挑战》	战略与国际问题研究中心	2019 年 11 月	报告分析了国防创新委员会提出的国防部人工智能伦理原则，认为这些原则与所有原则一样，实施将是一个挑战，并对实施提出建议
《美国人工智能世纪：行动蓝图》	新美国安全中心	2019 年 12 月	报告分析了美国人工智能发展面临的形势，并为美国确保在"人工智能世纪"中的领导地位提出建议
《国防部人工智能态势：评估与建议》	兰德公司	2019 年 12 月	报告评估了美国国防部人工智能发展态势，对美国国防部的举措进行了独立和反思性的评估，并给出了关于内部操作、外部参与、潜在的立法和管理措施方面的建议
《"马赛克战"：利用人工智能和自主系统实施决策中心战》	战略与预算评估中心	2020 年 2 月	报告分析了决策中心战的实施必要性及其基本内涵，指出人工智能和自主系统发展为实施决策中心战创造了条件
《人工智能的军事应用：不确定世界中的伦理问题》	兰德公司	2020 年 4 月	报告调查了广泛归类为人工智能的各种技术，考虑了它们在军事应用中的潜在益处，并评估了这些技术带来的伦理、作战和战略风险

续表

报告名称	智库名称	发布时间	内容简介
《通过机器学习实现空中优势：对人工智能辅助任务规划的初步探索》	兰德公司	2020 年 5 月	报告对机器学习在空中作战中的作用进行了分析，为人工智能原型系统在空战环境中开发和评估新型作战概念提供了证据支撑
《保持人工智能和机器学习的竞争优势》	兰德公司	2020 年 7 月	报告建议美国国防部应制定人工智能领域人才引进的短期、中期、长期规划；建立美国防部可直接控制的工程渠道；开发可用于人工智能的验证与评估技术；以及为人工智能技术成果转化创建完整的开发、测试和评估流程
《收集优势：利用新兴技术进行情报收集》	战略与国际问题研究中心	2020 年 7 月	报告阐述人工智能、先进传感器、云计算和先进分析等新兴技术可提高情报收集、处理与利用的自动化能力，改变情报收集的地点、方式与速度，驱动作战与决策。报告也分析了美国情报界面临的挑战，并给出相关建议
《巩固美国人工智能的领导地位：人工智能研究与开发》	新美国安全中心	2020 年 8 月	报告总结了人工智能研发的六大关键原则，提出了十四条推进人工智能研发、保持美国人工智能技术优势的建议

（蔡文蓉、杨亚超编译整理）

美国政府近年成立人工智能
相关组织机构简表 [①]

成立时间	组织机构	内容概述
2016 年 3 月	美国国防部宣布成立国防创新委员会	Alphabet 公司技术顾问埃里克·施密特担任委员会主席，成员由具有成功领导大企业或公共组织经验、善于接纳新技术概念的研发和管理精英组成。主要任务是为国防部提供关于创新和实现创新方法的独立建议，应对未来组织和文化挑战
2016 年 5 月	美国国家科学技术委员会成立机器学习和人工智能小组委员会	该委员会专门负责跨部门协调人工智能的研究与发展工作，并就人工智能相关问题提出技术和政策建议，同时监督各行业、研究机构以及政府的人工智能技术研发
2017 年 4 月	美国防部成立算法战跨职能小组	美国国防部副部长罗伯特·沃克签署备忘录，授权建立"算法战"跨职能小组，旨在促进人工智能、大数据、机器学习等技术在军事情报领域的应用，挖掘人工智能算法在攻防作战中的巨大潜力，包括利用人工智能算法提升人机交互等相关能力
2018 年 4 月	美国空军成立自主技术研发机构	美空军研究实验室成立自主技术能力第三小组（ACT3），以推动军用自主技术或机器学习技术的发展和应用

---

① 数据截至 2019 年 9 月。

续表

成立时间	组织机构	内容概述
2018 年 5 月	美政府宣布成立人工智能特别委员会	该委员会由各政府部门人工智能领域的高级研究人员组成，包括商务部负责标准与技术的副部长、国防部负责研究与工程的副部长、国防高级研究计划局局长、能源部负责科学的副部长、国家科学基金会主任，以及管理与预算办公室和国家安全委员会的代表。该委员会在国家科学技术委员会内运作，其任务是加强联邦人工智能相关工作的协调，确保美国在这一领域继续保持领先地位
2018 年 6 月	美国国防部成立联合人工智能中心	美国国防部宣布成立联合人工智能中心，由国防部首席信息官负责监管，主要职责是着眼于国防部近期人工智能项目，协调人工智能全生命周期活动，满足美军当前需求。联合人工智能中心的设立能够帮助国防部广泛整合与利用工业部门、商业界和学术界的科技优势，为美国人工智能快速发展提供有力支撑
2018 年 8 月	美国组建人工智能国家安全委员会	根据《2019 财年国防授权法案》要求，美国正式组建人工智能国家安全委员会，使命是着眼于美国的竞争力、国家保持竞争力的方式和需要关注的伦理问题，审查人工智能、机器学习开发和相关技术的进展情况，全面满足美国国家安全和国防需要
2018 年 10 月	美陆军宣部成立人工智能任务小组	美国陆军部长马克·埃斯珀签署指令，要求成立陆军人工智能任务小组，该小组将由未来司令部指挥，利用当前的技术应用增强作战人员的能力，迅速整合和同步整个陆军体系和国防部国家军事行动的人工智能活动，缩小现有人工智能能力缺口，为国防部联合人工智能中心提供支持
2018 年 11 月	美空军成立人工智能跨职能小组	美空军成立新的人工智能小组，首要任务是为空军建立获取人工智能最新技术的通道。该小组将重点制定空军的人工智能战略，履行人工智能组织的所有职能

续表

成立时间	组织机构	内容概述
2019 年 3 月	国防高级研究计划局首次在人工智能项目成立之初设立伦理咨询委员会	国防高级研究计划局首次在人工智能项目成立之初设立伦理咨询委员会。由于未来城市冲突将在人口密集的大城市中展开，人员自主甄别技术将产生法律、道德和伦理影响。为此，国防高级研究计划局在"城市自主侦察"（URSA）项目初始设立伦理委员会。这一举措可使专家就法律、道德和伦理问题进行早期沟通，对于推动技术的发展非常关键
2019 年 9 月	美国能源部宣布成立人工智能与技术办公室	美国能源部部长里克·佩里宣布成立人工智能与技术办公室，以响应美国总统计划制定国家人工智能战略的呼吁。人工智能与技术办公室将辅助能源部集中于现有工作，同时促进盟友合作伙伴关系，为美国的人工智能研究人员提供联邦数据、模型和高性能计算资源

（蔡文蓉、杨亚超编译整理）

美国政府近年人工智能相关
战略政策简表 ①

发布时间	政策文件	内容概述
2016 年 5 月	美国国家科学技术委员会发布《联邦大数据研究与发展战略规划》	文件围绕大数据科学、应用、管理与分析等问题提出了七项战略举措,以指导和推动美国大数据领域的创新发展
2016 年 10 月	美国国家科学技术委员会发布《为人工智能的未来做好准备》及《国家人工智能研究与发展战略规划》两份报告。	《为人工智能的未来做好准备》报告认为,教育是人工智能应用的一个重要领域,为了保持美国的领先地位,迫切需要在各级各类教育中强化人工智能方面的人才培养,以应对人工智能的快速发展。 《国家人工智能研究与发展战略规划》报告对未来美国人工智能研究发展提出增加投资、开发人工智能协作方法、创建公共数据集等七大关注领域
2016 年 12 月	美国白宫发布《人工智能、自动化与经济》报告	报告深入阐述了人工智能驱动的自动化将会给经济带来的影响,并提出了国家的三大应对策略

---

① 数据截至 2020 年 2 月。

发布时间	政策文件	内容概述
2017 年 3 月	美陆军发布《机器人与自主系统战略》	美国陆军训练与条令司令部发布《机器人与自主系统战略》报告，主要阐述了陆军未来作战所面临的三大挑战，陆军机器人与自主系统战略的近期、中期和远期目标，以及实现自主系统战略的方式与所需资源
2017 年 4 月	美国国防部启动"专家工程"计划	美国国防部成立算法战跨职能小组，并启动代号为"专家工程"的计划。该计划首项任务是开发用于目标识别、分类及告警的计算机视觉算法，以减轻视频分析人力负担，提高军事决策水平
2017 年 9 月	美国海军发布《数据与分析优化战略》报告	报告高度重视数据驱动创新，提出成立数据与分析联盟，利用人工智能为数据使用者和决策制定者提供最优数据源和数据分析能力
2018 年 1 月	美国国防部发布《2018 年国防战略》	报告认为先进计算、大数据分析、自主性、机器人等新兴技术的发展是影响安全环境的因素。为维持并扩大美国的军事优势、促成相关业务改革，美国防部必须快速大胆地追求人工智能应用，同时坚守军事伦理和人工智能安全性
2018 年 8 月	美国国会通过《2019 财年国防授权法案》提出人工智能发展策略	法案强调，美国正在建立更稳健的人工智能发展战略，主要包括：一是对目前人工智能在国内外的发展进行评估；二是提出发展人工智能研究和应用的建议
2018 年 9 月	美国众议院监督和政府改革委员会信息技术小组委员会发布《机器的崛起：人工智能及其对美国政策不断增长的影响》报告	报告综合多位听证会作证人和顶尖人工智能专家的意见，对人工智能领域发展态势及面临的挑战进行分析研判，从维持美国在人工智能领域的全球领先地位出发，提出了应对建议

续表

发布时间	政策文件	内容概述
2019 年 1 月	国家情报总监办公室发布《利用机器加强情报战略》	战略概述了四个主要投资目标（每个目标分别划分为近期、短期、中期和长期），以使情报界能够从根本上改变其情报产生方式
2019 年 2 月	特朗普签发行政令启动"美国人工智能倡议"	美国总统特朗普签发《维持美国在人工智能领域的领导地位》行政令，启动"美国人工智能倡议"，指示联邦政府聚力发展美国的人工智能能力，维持美国在人工智能领域的技术研发优势和国际主导地位，以提高经济实力并维护国家安全
2019 年 2 月	美国防部公布首个人工智能战略	美国防部公布 2018 年《国防部人工智能战略》概要。该战略是美国防部的首个人工智能战略，旨在落实特朗普政府《国家安全战略》和《国防战略》提出的人工智能重要事项，为美国防部谋求军事人工智能优势、发展军事人工智能实战化能力提供战略指导
2019 年 2 月	美陆军发布《实战化运用机器人与自主系统支持多域作战》白皮书	白皮书阐述了美国陆军运用机器人与自主系统实施多域作战的场景想定，分析了运用机器人与自主系统的依赖条件、现实短板以及对未来部队的影响，是对美国参联会《机器人与自主系统联合概念》和美国陆军《机器人与自主系统战略》的落实和补充，也是对多域作战能力设想的丰富和完善
2019 年 5 月	美国国防创新委员会发布《软件永无止境：重构代码采办工作以获得竞争优势》报告	报告论述了国防部软件开发过程中存在的缺陷，评估软件采办和实践的当前状态和预期目标，提出了软件采办工作的三个基本主题、四条行动主线、十项建议，呼吁立刻采取措施彻底改革软件开发和采办

续表

发布时间	政策文件	内容概述
2019 年 6 月	美国发布新版《国家人工智能研究和发展战略规划》	特朗普政府发布最新版本的《国家人工智能研究和发展战略规划》。本次发布的版本在 2016 年奥巴马政府版人工智能研发七大关注领域的基础上新增了第八个关注领域——公私合作伙伴关系。新版战略提出了美国在人工智能研发领域的八个战略重点：对人工智能研究进行长期投资；为人工智能合作制定有效的方法；理解并解决人工智能的道德、法律和社会影响；确保人工智能系统的安全性；为人工智能培训和测试研能够共享的公共数据集和环境；通过标准与基准来测量、评估人工智能技术；更好地了解国家人工智能研发人员的需求；扩大公私伙伴关系，加速人工智能的发展
2019 年 6 月	美空军提出推进人工智能的五项原则	美空军官员迈克尔·卡南在人工智能世界政府会议上表示，美空军必须找到一种方法，使之能够以务实、有条理、有意义的方式推进人工智能。卡南提出五项原则，这些原则已用于指导美国空军在人工智能领域的发展
2019 年 8 月	美特种作战司令部致力于制定新兴技术计划战略	美特种作战司令部首席数据官戴维·斯皮克表示，该司令部正在制定新兴技术计划战略，该战略将帮助美特种作战司令部规划其在 2022—2026 财年的人工智能和机器学习计划拨款。战略蓝图涵盖的应用包括网络防护、合同与预算管理、培训、规划与机动、预测性维护等。美特种作战司令部还将建立一个数字数据任务管理团队，并寻求专家帮助进行项目管理和其他技术事宜

发布时间	政策文件	内容概述
2019 年 8 月	美国国家标准与技术研究院发布《美国在人工智能领域的领导地位：联邦政府参与开发技术标准与相关工具的计划》	该文件就美国政府如何制定人工智能技术和道德标准提出指导意见，强调美国政府机构应基于包容、一致、易于获取、公开与透明、全球相关和非歧视性等原则，优先参与人工智能标准的相关工作。该文件将各机构按照参与程度分为四类：监控、参与、影响和领导，为各机构在进行人工智能标准相关决策时提供一系列切实可行的步骤指导
2019 年 9 月	美空军发布《空军人工智能战略》	文件介绍了战略背景和目的，阐述了五大关注领域。该战略是美空军在人工智能领域的行政指导文件，确保人工智能未来在预算提案和资金使用规划中得到优先考虑；也是美空军在人工智能领域实施《空军科学与技术战略》的框架，详述了信息技术、数据、算法、人才和伙伴关系等有关主题的原则以及规划和执行目标
2019 年 9 月	美国海军分析中心发布《海军人工智能框架》	美国海军分析中心受美国海军作战部委托，编制并发布了《海军人工智能框架》报告，主要介绍了美国海军面临的挑战以及如何将人工智能应用与海军关键任务联系起来，并说明了人员配备和组织机构要求、政策考虑以及海军高效使用人工智能所需的措施
2019 年 10 月	美国国防创新委员会发布军用人工智能伦理原则	美国国防部领导小组指派美国国防创新委员会制订美国国防部在战争和非战争情形下，设计、开发和应用人工智能的伦理原则。美国国防创新委员会随后发布《人工智能原则：国防部人工智能应用伦理的若干建议》，提出了"负责、公平、可追踪、可靠、可控"五大原则，并提出十二条建议，包括通过国防部官方渠道将这些原则正式化，建立一个国防部范围的人工智能指导委员会，确保人工智能伦理原则的正确执行，召开有关人工智能安全的年度会议等。该建议已被国防部采纳

续表

发布时间	政策文件	内容概述
2019 年 11 月	美国国家科学技术委员会发布《2016—2019 年进展报告：推进人工智能研发》	报告总结了各联邦机构 2016—2019 年的人工智能相关投资，按照《国家人工智能研发战略计划》中的八项人工智能研发策略对 23 个联邦机构进行的具体投资进行梳理。报告对联邦投资持积极态度，肯定其投资项目的广度、深度、重要性与影响力，并指出应保持美国在人工智能研发与创新领域的全球领导地位
2019 年 11 月	美国陆军向国防部提交《2050 年机械战士：人机融合与国防部的未来》报告	报告描述了可用于战争的四个重大变革性技术：用于双向数据传输的人脑神经增强；用于成像、视力和情景意识的眼部增强；用于倾听和交流的听觉增强；基于光遗传学紧身衣的程序化肌肉控制。报告也讨论了为适应人类自身彻底重新设计而必须发展的社会领域，包括道德、法律和社会规则及规范等
2020 年 2 月	美国白宫科技政策办公室发布《美国人工智能倡议首年年度报告》	报告主要从投资人工智能研发、释放人工智能资源、消除人工智能创新障碍等方面，总结了美政府过去一年在实施"美国人工智能倡议"方面取得的重大进展
2020 年 2 月	美国能源部发布《人工智能科学》报告	该报告旨在识别出人工智能的潜在发展机遇，为开发超级计算项目以推进人工智能科学应用奠定基础。报告针对高能物理、材料科学以及计算技术等十六个领域，介绍其发展现状、主要挑战、十年进展、预期成果等
2020 年 2 月	美国国会政府问责局发布题为《深度造假》的科技评估与分析报告	报告简述深度造假的含义及其严重影响，总结了制作与检测深度造假的相关技术，并分析如何应对深度造假带来的各方面挑战

发布时间	政策文件	内容概述
2020 年 2 月	美国国防部公布人工智能使用五大伦理原则	伦理原则建立在以美国宪法、《美国法典》第 10 章、战争法、现有国际条约以及长期规范和价值观为基础的军事伦理框架上，主要包括负责、合理、可靠、可控、可追踪五个方面。该原则适用于战场和非战场人工智能的使用，帮助美军在人工智能领域遵守法律、伦理和政策承诺，解决了军事伦理框架在新技术使用方面的伦理分歧和挑战

（蔡文蓉、杨亚超编译整理）

图书在版编目（CIP）数据

美军人工智能战略发展的智库策源研究 / 赵超阳等著 .
—北京：东方出版社 . 2020.12
ISBN 978-7-5207-1768-7

Ⅰ . ①美… Ⅱ . ①赵… Ⅲ . ①人工智能—应用—军事战略—研究—美国
Ⅳ . ① E712-39

中国版本图书馆 CIP 数据核字（2020）第 247833 号

美军人工智能战略发展的智库策源研究

（ MEIJUN RENGONGZHINENGZHANLUE FAZHAN DE ZHIKU CEYUAN YANJIU ）

作　　者：赵超阳等
策　　划：李志刚
责任编辑：张洪雪　李志刚
出　　版：东方出版社
发　　行：人民东方出版传媒有限公司
地　　址：北京市东城区朝阳门内大街 166 号
邮　　编：100010
印　　刷：北京明恒达印务有限公司
版　　次：2021 年 3 月第 1 版
印　　次：2022 年 8 月第 5 次印刷
开　　本：640 毫米 ×950 毫米　1/16
印　　张：17.5
字　　数：180 千字
书　　号：ISBN 978-7-5207-1768-7
定　　价：52.80 元
发行电话：（010）85924663　85924644　85924641